재산 은닉

MB의 기술

재산 은닉

MB의 기술

이명박 금고를 여는 네 개의 열쇠

기자 백승우의 탐사보도

다산지식하우스

일러두기

- 가독성을 위해 이름 다음에 쓰는 '씨'는 생략했다. 다만 이름을 밝히지 못할 경우 '씨'를 붙였다. 예를 들어 백모 씨나 백씨로 표기했다.
- 이름 뒤에 나오는 직함, 소속 표기는 집필할 때를 기준으로 했다. 이후 당사자들의 이동으로 직함, 소속 등이 변동했을 수 있다. 과거 특정 시기의 직함, 소속 표기는 '당시'를 붙여 구별했다. 예를 들어 이명박 '당시' 서울특별시장으로 표기했다. 여러 번 반복되는 직함은 생략하기도 했다. 예를 들어 이명박 전 대통령을 이명박으로 표기했다.
- 이명박 전 대통령은 상황에 따라 MB, VIP로도 지칭했다.
- 책에 나오는 나이는 만 나이가 아니라 세는나이다. 예를 들어 1976년생은 올해 43세다.
- 책 내용은 2018년 2월 기준으로 작성했다.

기자의 말

2012년 내곡동 특검 때였다. 수사 도중 이명박 대통령의 아들 이시형의 전셋집이 발견됐다. 아파트 전세금만 7억 원이 넘었다. 청와대 공무원들이 은행에서 찾은 수표가 이시형의 집주인 계좌로 들어갔다. 정직하지 않은 돈 냄새가 났다. 현직 대통령 주변의 수상한 돈이 취재를 통해 처음으로 드러나는 순간이었다.

청와대 비밀 금고의 열쇠를 쥐고 있을 법한 공무원들 이름을 한 명, 한 명 확인했다. 딱 한 칸만 더 올라가면 괴자금의 주인을 찾을 수 있을 것 같았다. 비밀 금고도 확인할 수 있을 것 같았다. 하지만 거기까지였다. 그마저도 제대로 기사를 쓰지 못했다.

첫 보도는 2012년 11월 14일 MBC 전파를 탔다.[*] 특검 수사팀이 이명박 대통령 아들 이시형의 강남 아파트를 찾아냈고, 그 전

※ 「6억 출처 미궁… 법외 수사 논란」, 《MBC 뉴스데스크》, 2012년 11월 14일.

세금이 정체불명의 돈으로 마련됐다는 내용이 핵심이었다. 그러나 특검이 사건과 관련이 없는 걸 수사한다는 투의 '법외 수사' 논란으로 기사가 비틀렸다. 이틀 뒤 후속 보도도 마찬가지였다.[*] 청와대 공무원들 여러 명이 동원돼 돈다발이 청와대 담벼락 아래를 오갔다는 추가 취재도 '월권 수사' 논란이란 딱지가 붙었다. 기사의 숨통이 두 번 다 사실상 끊어졌다.

MBC 당시 보도국 수뇌부들은 고개를 돌렸다. 이명박 대통령 주변의 수상한 돈을 더 취재하자는 말은 나오지 않았다. 오히려 '법 밖의 수사' '권한을 넘어선 수사'라고 강조했다. 금융계좌 압수수색 영장이 나온 사실도 외면했다.

법외 수사, 월권 수사라면 법원이 영장을 내줄 턱이 없다. 영장을 내준 서울중앙지법 영장 전담 재판부도 "수사 중 나온 사실의 진위를 가리기 위해 필요하다는 특검의 요구가 인정돼 압수수색 영장을 발부했다"고 밝혔다. 재판부는 법원이 영장을 내줬는데 누가 법외 수사 논란, 월권 수사 논란을 갖다 붙이냐고 되물었다.

기사를 고친 담당 부장은 '이명박근혜' 정권 동안 높은 자리까지 올랐다. 같이 일하던 후배는 얼토당토않은 이유로 중징계를 받았다. 취재보다 MBC 내부와 싸움이 더 힘든 때였다.

그리고 촛불 혁명이 있었다. 시민의 힘으로 낡은 것들을 바꾸기

※ 「전세자금 의혹… 월권 수사 논란」, 《MBC 뉴스데스크》, 2012년 11월 16일.

시작했다. "다스는 누구 겁니까"는 바로 시민들이 묻는 질문이다. 단순히 지방의 한 자동차 부품회사, 다스의 실소유주가 누구인지 가리자는 질문이 아니다. 전직 최고 권력자의 은닉 재산에 대한 의심이자 그가 몇 번이나 강조한 정치 철학, '정직(正直)'에 대한 의심이다. 이명박은 대통령 후보에 등록할 때 가훈을 정직이라고 밝혔다. 퇴임 이후 펴낸 회고록에선 "정직은 내 삶의 큰 자산"이라고 다시 한 번 적었다.

하나 더 있다. 이 의심에 고개를 돌렸던 기성 언론에 대한 의심이다. "너희도 못 믿겠다" "너희도 똑같은 한패다" '정명(正名)'을 잃은 언론에 대한 질타다. MBC도 한패였다. 권력을 감시하고 그들의 잘못을 향해 짖어대는 파수견(watch dog)이 아니라 권력자들의 무르팍에서 애완견(lap dog)처럼 뒹굴었다. MBC는 부끄러워할 줄도 몰랐다. '공정 방송'을 외치던 많은 기자가 해고되거나 징계 받았고, 마이크를 빼앗긴 채 이른바 유배지를 떠돌았다.

나는 살아남았다. 망가진 뉴스를 가장 가까운 곳에서 목도했다. 뉴스데스크 PD로 MBC 간판뉴스를 2년 넘게 진행했다. 뉴스센터A 부조종실에서 '앵커'와 뉴스테이프 '스타트'를 수만 번 외쳤다. 전파를 타지 말았어야 할 불량품이 날이 갈수록 쌓였다. 정신을 차리고 나니 망가진 뉴스의 공범자가 돼 있었다. 뉴스가 끝나면 취하는 날이 많았다. 형벌이었다.

시간은 또 흘렀다. 2012년 170일 파업에 이어 2017년 여름, 두 번째 파업을 시작했다. 전국언론노동조합 MBC 본부는 다시 한 번 공정 방송을 외쳤다. 여름에 시작된 파업은 어느덧 가을을 지나 겨울을 향해가고 있었다.

언제 끝날지 모를 파업 도중 노트북을 꺼냈다. 취재 파일을 열었다. 누런 봉투에 넣어뒀던 취재 자료 뭉치도 찾았다. 먼지를 툴툴 털어내고 멈춘 곳에서 다시 시작했다. 밀린 숙제하듯 쓰고, 고치고, 쓰고, 고쳤다. 초조했고 답답했다. 반성문 쓰는 심정이었다. '그때 제대로 했으면 많은 게 바뀌지 않았을까' 혼자 묻고 혼자 답했다. 끊임없이 의심하고, 검증하고, 기록해야 하는 기자(記者)의 책임을 회피했다. 기자로서 그게 일이고 밥벌이라는 걸 오랫동안 잊고 있었다.

2012년 내곡동 특검에서 다시 4년 전 BBK 특검으로, 그리고 지난해부터 다시 불거지기 시작한 다스 실소유주 의혹까지, 10년의 시간을 숨찰 때까지 전력 질주했다. 뛰면서 원칙도 세웠다. 끝까지 의심하자. 그러나 예단하지 말자. 쉽게 쓰자. 집중한 건 이명박 주변 돈이었다. 기자 노릇하면서 대검찰청이 있는 서초동에 오래 머물렀다. 국세청도 오래, 여러 번 취재했다. 흔한 말보다는 돈을 쫓으려고 했다. 말보다는 돈이 정직하다.

자료가 하나둘씩 쌓였다. 수십 년에 걸쳐 이명박 일가가 마치 한 주머니 쓰듯 경제적 이익을 공유하고 서로 주고받는 큰 그림이 그려졌다. 정체불명의 돈과 관련해 아니라고 할 줄 알았던 당시 청와대 공무원도 입을 열었다. 누구로부터 누구를 향해 흘러가는지 출입구까지 찾아낸 돈도 있다. 수상한 자금도 더 찾았다.

기자 한 사람이 모든 의혹에 대해 정답을 제시할 순 없다. 구석구석 빈 곳도 많다. 사실과 사실의 섬, 그 사이의 망망대해는 함께 건넜으면 한다. 여기 네 개의 열쇠가 있다. 이명박과 이명박 일가의 '돈' '땅' '다스' '동업자'가 열쇠다. 네 개의 열쇠는 결국 우리가 몰랐던 이명박의 재산으로 안내할 것이다.

유난히도 길고 추웠던 겨울이 끝나고 있다. 이명박의 재산 은닉 기술을 밝히려는 검찰 수사가 절정으로 치닫고 있다. '정직'을 의심받고 있는 한때 최고 권력자의 재산, 그리고 '정명'을 잊고 산 한 기자의 반성을 묶어 책으로 엮었다. 오래전 썼어야 할 기록을 이제야 남긴다. 너무 늦지 않았길 바란다.

2018년 2월 백승우

차례

이명박과
이명박 일가

이명박 전 대통령에게 재산은 도덕성을 의심하게 하는 아킬레스건이었다. 부정한 방법으로 재산을 모았다거나 숨겨놓은 재산이 있을 거라는 의심이 끊임없이 이어졌다.

이명박과 아들 이시형 부자(父子)의 재산을 그들이 직접 공개한 내역을 중심으로 살펴보자. 주요 인물들과 무대도 미리 소개한다.

"이명박 재산은 6억 달러"

한때 이명박의 동업자이자 'BBK 주가조작' 사건의 장본인인 김경준은 "이명박의 재산이 6억 달러"라고 주장했다. 어림잡아 600억 원을 훌쩍 뛰어넘는 엄청난 액수다. 미국으로 도피한 김경준이 이명박 측과 소송을 치르면서 2007년 9월 미국 법원에 낸 서류에 적혀 있다.[*] 그러나 김경준은 증거를 제시하지 못한다. 수많은 서류를 위조하며 주가조작과 회사자금 횡령을 저지른 그의 말은 경계해야 한다.

이명박은 14대·15대 국회의원과 32대 서울특별시장, 17대 대통령으로 10여 년 동안 고위 공직자로 활동했다. 공직에 있을 때는 공직자윤리법에 따라 해마다 《국회공보》《서울시보》《관보》등

---

[*] 『시크릿 오브 코리아』(안치용, 타커스, 2012년).

을 통해 재산을 공개했다. 공개된 자료들로 이명박 재산의 얼개를 그려놓자.

확인할 수 있는 이명박의 가장 최근 재산 내역은 대통령 퇴임 직후인 2013년 4월 25일자 《관보》에 있다. 2012년 말 기준으로 신고된 재산은 46억 3146만 원이다.

2012년 이명박 재산 내역

자산	서울 강남구 논현동 집과 대지	68억 7484만 원					
	예금	9억 5084만 원					
	카니발 리무진 (2008년식)	1878만 원					
	1.07캐럿 다이아몬드	500만 원					
	서양화, 동양화 각 1점	2200만 원					
	골프 및 헬스 회원권 3개	2억 1070만 원					
	합계	80억 8216만 원					
채무	사인 간 채무	28억 3800만 원	기존	2억 3800만 원	사저 신축 비용	32억 1270만 원	
			추가	26억 원			
	농협 대출	6억 1270만 원					
	합계	34억 5070만 원					
재산 총액		46억 3146만 원					

출처: 《관보》, 2013년 4월 25일.

집 한 칸 '68억 7,484만 원'

대통령 선거를 코앞에 둔 2007년 12월 7일, 한나라당 대선 후보 이명박의 방송 연설이 전파를 탔다. 이명박은 "우리 내외가 살아갈 집 한 칸이면 족하다"며 "그 외 가진 재산을 전부 내놓겠다"고 약속했다. 그는 약속대로 재산을 헌납했다.

자택을 빼고 빌딩 등 나머지 서울 강남 부동산들을 다 내놓다 보니 부부가 살고 있는 논현동 집과 대지가 이명박 재산의 대부분을 차지한다. "내외가 살아갈 집 한 칸"이라면 얼마나 되겠나 싶겠지만, 서울 강남 한복판에 자리 잡은 집이다 보니 으레 생각할 수 있는 가격을 뛰어넘는다. 집 한 칸 가격이 2012년 말 기준으로 68억 7484만 원이다. 마당 딸린 2층 건물을 허물고 3층으로 신축했다. 집을 새로 짓겠다고 은행 등에서 빌린 돈만 32억 원이 넘는다.

공시가격으로 계산하면 어떨까? 신축이 끝난 뒤 나온 첫 주택 공시가격은 2014년 1월 기준으로 48억 9천만 원이다. 2017년 1월 기준으로는 57억 3천만 원이다. 3년 새 10억 원 가까이 올랐다. 통상 공시가격은 시세의 60퍼센트에서 80퍼센트 수준이다. 이를 반영하면 2017년 1월 기준 시세는 72억 2천만 원에서 96억 3천만 원으로 추정된다.

눈에 띄는 건 주택 신축을 위해 빌렸다는 돈이다. 사인(私人), 즉 개인한테 26억 원, 농협에서 6억 1270만 원을 빌렸다. 모두 32억 원 넘는 돈을 빌렸다.

먼저 농협에서 빌린 돈부터 살펴보자. 논현동 집과 대지의 등기부등본을 보면 2012년 4월 23일 농협 청와대지점이 사저에 근저당권을 설정했다. 채권최고액은 24억 원이다. 통상 채권최고액은 빌린 돈의 120퍼센트로 넉넉하게 잡는 것이 일반적이라고 할 때, 이명박 부부가 농협에서 빌린 돈은 20억 원 정도라고 볼 수 있다. 그러나 농협 대출이 1년 새 6억 1270만 원만 늘었다고 《관보》에서 밝힌 걸 보면, 이명박은 농협에서 20억 원을 빌린 뒤 1년 사이 14억 원 정도를 갚은 것으로 보인다. 그 돈은 어디에서 나온 걸까?

이 기간 이명박 부부의 예금액이 연봉과 비슷한 수준인 1억 7620만 원 정도 증가한 걸 감안하면 누군가에게서 빌린 돈, 즉 '사인 간 채무'로 은행 빚을 갚았다고 볼 수 있다. 사인 간 채무로 은행 빚을 갚았다는 것은 사인 간 채무 이자가 은행 주택담보 대출이자보다 낮았다고 볼 수 있다. 그렇지 않고서야 굳이 농협 대출금부터 갚을 필요가 없다. 대통령 재임 기간에 누군가가 은행 대출이자보다 낮은 이자로 돈을 빌려줬다면 채무의 대가성에 따라 뇌물 성격을 띨 수도 있다.

26억 원과 관련해 이명박 측 임재현 당시 비서관은 "논현동 집을 짓기 위해 필요한 돈이었지만, 누구에게 빌렸고 차용증 작성과 이자 지급은 어떻게 하는지 등의 자세한 내용은 밝히기 어렵다"고 말했다.

농협에서 빌린 돈에 대한 근저당권은 퇴임 이듬해인 2014년 2월 13일 해지된다. 1년 새 나머지 6억 1270만 원도 다 갚은 것이다. 대통령 퇴임 이후 이명박의 재산은 공적 감시망에서 사라진다.

부동산임대업자 이명박

이명박의 첫 재산 공개는 53세였던 1993년 3월에 이뤄졌다. 문민정부가 들어서면서 거세게 불어닥친 정치 개혁의 바람을 누구도 피할 순 없었다. 집권당인 민주자유당은 기획성 재산 공개 행사를 벌인다. 당시 초선이던 민주자유당 이명박 의원은 전 재산을 62억 3240만 원으로 신고한다. 축소 공개라는 지적이 있었다.

당시만 하더라도 공직자윤리법은 재산 신고만 받았다. 공개는 하지 않았다. 사실상 무용지물이었다. 바뀐 공직자윤리법에 따른

※ 「MB, 재산 46억에 '수상한 빚' 34억」, 《서울신문》, 2013년 4월 25일.

첫 정식 재산 공개는 같은 해 9월에 있었다. 1993년 9월 7일 《국회공보》를 통해서다. 반년 새 이명박의 재산은 62억 3240만 원에서 274억 2053만 원으로 네 배 이상 뛰었다.

이명박은 1990년대 초반부터 부동산임대사업을 했다. 서초동 영포빌딩, 양재동 영일빌딩 그리고 대명주 상가도 소유했다. 대명주 상가는 건물에 '대명주'라는 상호의 중식당이 있어 그렇게 불렸

1993년 이명박 첫 공식 재산 내역

자산	서울 강남구 논현동 집과 대지	24억 6619만 원
	영포빌딩	108억 2978만 원
	대명주 상가 터	80억 976만 원
	영일빌딩	50억 1069만 원
	양재동 빌딩	15억 3531만 원 (이후 다스에 매각함)
	예금과 보험	30억 361만 원 (재산 공개를 앞두고 '대명주' 식당 터 옆 땅을 매각한 대금이 들어왔다)
	자동차	1991년식 쏘나타, 1992년식 그랜저
	결혼 예물	다이아몬드 반지(1캐럿) 다이아몬드 브로치(0.8캐럿)
	그림	서양화, 동양화 각 1점
	우리사주(社株)	현대시멘트, 현대산업개발 현대엘리베이터, 현대중공업
	골프 회원권	9650만 원(2개)
	장녀 재산	예금과 보험 등 1746만 원
재산 총액		274억 2053만 원

출처: 《국회공보》, 1993년 9월 7일.

다. 이명박은 이들 건물의 임대사업과 관리를 위해 '대명기업'과 '대명통상'을 세웠다. 2007년 대선을 앞두곤 대명기업에 이명박의 딸과 아들이 위장 취업한 사실이 드러나 곤욕을 치르기도 했다.

이 건물들이 들어선 땅은 강남 한복판 금싸라기다. 이명박은 부동산 투기 의도가 없었다고 주장했다. 서초동 땅은 현대건설에서 매입하고 관리했다고 주장했다. 다음은 2007년 대선 당시 한나라당 검증 청문회에서 이명박 본인이 설명한 내용이다.

1976년 현대건설이 중동에서 대형공사를 수주해서 정주영 회장이 특별보너스를 줬다. 정택규 이사가 내 방에 와서 정주영 회장 지시라며 "통장을 은행에 맡기면 인플레라 가치가 없으니 살림을 대신 맡아주라"는 명령을 받고 왔다고 했다. 정 이사는 회사가 관리하다 나중에 값이 오른 뒤 팔아서 통장에 돈을 넣어 돌려주겠다고 했다. 그래서 그 땅에는 관심 없었다. 그런데 80년대에 정 이사가 퇴직하면서 갑자기 "통장을 줘야 하는데 그렇게 못 했다. 총무과에 맡겨둘 테니 나중에 처분해서 가지면 된다"고 해서 알았다고 하고 91년 내가 회사 그만둘 때 가지고 나왔다. 재산세 납부도 회사가 관리했기 때문에 집으로 세금고지서가 배달되지 않았다. 물어봤더니 당시 그 지역이 개발할 수 없는 지역이라서 개인적으로 나한테 세금 물지 않았다고 한다. 89년 현대가 세무사찰을 받으면서 국세청이 (회사)재산을 조사할 때

회사 땅이냐 개인 땅이냐…… 그래서 그 땅이 내 땅이라는 것을 알게 됐다.*

서초동 땅이 처음으로 공개된 1993년《국회공보》에는 "해외공사 수주 특별상여금으로 1977년 취득"했다고 적혀 있다.

양재동 땅에 대해선 이명박은 "지하철 건설자금 조달을 위해 서울시가 발행한 지하철 공채를 사달라"는 서울시 당국의 요청이 있어 액면가 310만 2천 원어치를 구매했는데, 이후 공채 원리금을 현금 대신 체비지(替費地, 시공자 측이 공사비에 충당하기 위해 남겨둔 땅)로 받았다고 주장했다.**

부동산 투기를 할 의도가 없었지만, 자신이 다니던 회사가 자신도 모르게 구입해주거나 국가 정책에 따라 불가피하게 취득한 채권이 땅이 되는 등 어쩌다 운 좋게 강남 노른자위 땅들을 소유하게 됐다는 주장이다. 이를 뒤집을 명확한 증거는 없다.

논현동 자택도 현대에 있을 때 외국 손님 접대용으로 회사가 지어줬다고 이명박은 주장한다.

---

* 「李 "서초동 4필지, 77년 보너스…… 鄭 회장이 관리 지시"」,《경향신문》, 2007년 7월 20일.
** 「'이명박 아킬레스건' 3大 재산 논란의 실체」,《신동아》, 2007년 3월호.

맑은 시내, 청계(淸溪)

이명박이 출연한 330여억 원으로 2009년 장학재단 청계가 설립됐다. 청계(淸溪)는 맑은 시내란 뜻으로 이명박의 아호(雅號)다.

청계재단은 대출이자 갚느라 장학 사업에 인색하다는 지적을 종종 받았다. 이명박이 자기 소유의 빌딩을 담보로 빌린 30억 원까지 청계재단이 떠안는 바람에 벌어진 일이다. 청계재단의 장학금 지급액은 2010년 6억 1915만 원에서 2015년 3억 4900만 원으로 반토막이 났다. 서울시교육청으로부터 채무 때문에 설립 취소 위기까지 몰리기도 했다. 이후 청계재단은 영일빌딩을 매각해 부채를 갚았다.

줄어드는 재산

이명박은 입사 12년 만에 현대건설 사장에 올랐다. 37세였다. 이후 현대건설과 인천제철 등 현대그룹 7개 회사의 대표이사 회장을 지내며 샐러리맨 신화를 써내려갔다. 이후 정치인으로 변신하여 1992년 민주자유당 소속 전국구 의원으로 당선된다.

정치권에 진출한 이명박의 재산은 갈수록 줄어든다. 1993년 14대 국회의원 시절 생애 처음으로 공개한 재산 총액은 274억 2053만 원이었다. 선거법 위반에 걸려 스스로 의원직을 내려놓는 바람에 임기를 다 채우지 못하면서 국회의원 시절 마지막으로 공개한 재산은 1998년 15대 때 259억 2525만 원이다. 서울특별시장 취임 첫해인 2002년에 공개한 재산은 186억 2128만 원이다. 4년 새 70억 원 넘게 줄었다. 영포빌딩만 하더라도 1993년 108억여 원이었는

이명박 재산 내역 변동 추이

	1993년 9월	274억 2053만 원
	1994년 2월	272억 3013만 원
	1995년 2월	262억 6190만 원
14대·15대 국회의원	1996년 2월	258억 8475만 원
	1997년 2월	259억 6781만 원
	1998년 2월	259억 2525만 원
	2002년 8월	186억 2128만 원
	2003년 2월	186억 5889만 원
32대 서울특별시장	2004년 2월	188억 7564만 원
	2005년 2월	186억 6680만 원
	2006년 2월	178억 9905만 원
	2009년 3월	356억 9182만 원
	2010년 4월	49억 1353만 원
17대 대통령	2011년 3월	54억 9659만 원
	2012년 3월	57억 9966만 원
	2013년 4월	46억 3146만 원

출처:《국회공보》《서울시보》《관보》. 날짜는 각각의 발행월. 금액에서 만 원 미만은 버렸다.

데, 2002년에는 62억여 원으로 신고됐다. 거의 10년 동안 가격이 40억 원 넘게 떨어졌다. 대통령 재임 때는 자기 재산의 대부분을 청계재단에 출연해 또다시 재산이 줄어든다.

이명박의 L · 김경준의 K

이명박의 재산이 부동산만 있었던 건 아니다. 뉴밀레니엄의 열기가 뜨겁던 2000년 2월, 경영의 귀재 이명박과 30대 신예 펀드매니저 김경준이 손을 잡았다. 이명박의 L, 김경준의 K를 붙여 회사 이름을 LKe뱅크로 지었다. 사이버 종합금융회사를 꿈꿨다. 각각 자본금의 절반인 30억 원씩 내기로 하고 시작한 사업이었다. 완벽한 동업 관계였다. 이명박의 자본금 가운데 5억 원은 다스의 협력업체인 세광공업이 발행한 수표로 입금됐다. 이명박과 다스의 연결고리 가운데 하나다.

정체불명의 돈

이명박은 대통령 취임 첫해인 2008년, 재산 신고 때 아들 이시형 명의의 예금과 보험 등 3656만 원을 공개한 이후 독립생계 유지를 이유로 아들의 재산 공개를 거부해왔다.

공개된 자료 어디를 보더라도 내곡동 특검 수사팀이 '안가(安家)'라고 불렀던 서울 강남 아파트 전세금의 출처를 확인할 수 없다. 안가는 이시형이 2011년 계약해 4년 동안 살았던 집이다. 전세금이 7억 4천만 원이다. 전세금 가운데 수억 원이 청와대 공무원들이 바꾼 수표로 마련됐다. 수천만 원은 김윤옥 여사의 최측근이 송금했다.

"그래서 다스는 누구 겁니까?"

다스는 경주에 본사가 있는 회사다. 1987년 설립됐다. 주로 시트를 만들어 현대 · 기아차 같은 자동차 회사에 납품한다. 2016년 말 기준 매출액이 1조 2726억여 원이다. 성장세도 거침없다. 미국, 중국, 인도, 브라질, 체코, 터키 등에 공장을 냈다. 이상은 다스 회장은 이명박의 맏형이다. 이시형이 현재 다스의 전무이사다.

16살 터울 사돈지간, 맏형과 처남

다스를 세운 건 이상은과 고(故) 김재정이다. 두 사람은 사돈지간이다. 이상은은 이명박의 맏형, 김재정은 이명박의 처남이다.
16살 터울이다. 이상은은 1933년생으로 올해 86세이고, 1949년
생 김재정은 2010년 62세로 사망했다. 사돈지간에다 나이 차도
많지만 성격도 비슷하고 술도 좋아해 서로 호형호제하며 잘 어울
려 다녔다. 이명박은 2007년 한나라당 대선 후보 검증 청문회에
서 "두 사람은 나하고는 서먹서먹한 사이"라며 오히려 "두 사람이
서로 더 친하다"고 설명했다.

　2001년 이상은과 김재정은 EBK증권중개에 각각 9억 원씩 투
자하며 금융시장 진출도 모색한다. 이명박의 '영원한 집사' 김백
준 전 청와대 총무기획관이 투자를 권유했다. 다스도 투자자문회
사 BBK에 190억 원을 투자했다. 이명박은 뒤늦게 그 사실을 알
았다. 특검에서 진술한 내용은 그랬다.

　김재정이 매형인 이명박의 부동산을 관리한 정황도 있다. 이명
박이 김재정에게 넘긴 충북 옥천군 강청리 일대 임야도 그중 하나
다. 이명박이 이 땅을 담보로 농협에서 150여만 원을 빌린 흔적이
아직도 부동산 등기부등본에 남아 있다. 이명박은 2007년 7월 한
나라당 후보 검증 청문회에서 옥천 땅에 대해 "김재정에게 팔아달
라고 부탁했다"면서 "팔지 못해서 결국 자기 이름으로 바꿔놓았
나 보다"라고 답했다.

금고지기 3인방

이명박, 이상은, 김재정 세 사람을 잇는 인물이 있다. 이병모 청계재단 사무국장이다. 이병모는 이명박의 회사 대명기업에서 일하며 빌딩 관리를 했다. 김재정의 수행비서이자 이상은의 심부름꾼이기도 했다. 2018년 2월 이병모는 이명박의 차명재산 관련 서류를 파기한 혐의 등으로 구속됐다.

다스의 협력업체 '금강'의 대표 이영배도 뒤이어 구속됐다. 이영배는 이병모의 전임자였다. 검찰은 이영배가 조성한 비자금이 이명박 측에 전달됐는지 살피고 있다.

2018년 1월 김백준도 구속됐다. 검찰은 김백준을 재판에 넘기며 "이명박의 지시에 따라 국정원 특수활동비 4억 원을 받았다"고 설명했다. 이명박 측은 "모욕주기식 짜맞추기 수사"라고 반박했다.

우애 좋은 삼형제

이상은, 이상득, 이명박 삼형제의 우애는 남달랐다. 1994년 이명박은 자신이 서초동 양재동에 보유하고 있던 빌딩을 맏형 이상은이 회장으로 있던 다스에 15여억 원에 매각한다. 당시 시세로 헐값이라는 지적이 있었다. 김성우 당시 다스 사장은 "해외 비즈니스를 위해 서울지사가 필요했는데, 마침 (MB가) 건물을 판다고 하기에 공시지가 수준에서 매입했다"고 밝혔다.* 다스는 이 건물을 서울사무소로 활용했다. 다스에 입사한 이시형이 한때 여기서 근무했다.

이상은은 동생 이명박이 서울 종로에서 국회의원 선거에 출마하자 다스의 회사자금으로 선거운동원 월급을 대주거나 여론조사 비용을 대신 내주는 식으로 수천만 원을 지원한다. 김재정도 선거 기획단 사무실을 빌려준다.

이상은은 이명박의 아들, 이시형을 경력사원으로 채용한 뒤 전무이사까지 빠르게 승진시켰다. 현금 6억 원을 선뜻 빌려주기도 했다.

이상은과 이상득의 우애도 두텁다. 이상은은 2004년 경기도 이천시에 있는 공시지가 74억 원대의 땅 약 46만 2800제곱미터를 이상득의 아들 이지형에게 증여했다.**

* 「이명박 서울시장 관련 의혹 기업 '다스' 미스터리」, 《신동아》 541호, 2004년 9월.
** 「이상은 씨도 '이상한 땅거래'」, 《한겨레》, 2007년 7월 9일.

쌍둥이 특검, BBK와 내곡동

2008년에는 BBK 특검, 2012년에는 내곡동 특검이 있었다. 둘 다 MB를 겨냥했다. 태생이 닮았다는 점에서 쌍둥이 특검이지만 운명은 달랐다.

BBK 특검은 17대 이명박 대통령의 취임을 알리는 팡파르를 울렸다. "모든 의혹이 해소되고 새 정부가 산뜻하게 출범할 수 있게 돼 다행"이라는 MB의 공치사까지 들었다. BBK 특검은 이른바 '이명박 3종 의혹'을 들여다봤다. '도곡동 땅, 다스, BBK' 말이다. 의혹의 핵심은 이명박의 차명 소유 여부다. 대리인으로 이상은, 김재정, 김경준이 거론된다. 특검은 모두 이명박 소유가 아니라고 결론 내렸다.

내곡동 특검은 수사 기간 내내 청와대의 견제에 시달리다 미완으로 끝났다. 특검의 수사 기간을 연장해달라는 요청을 당시 대통령인 이명박이 한사코 거부했다. 이시형이 내곡동 사저 부지를 사들이면서 국고를 축냈다. 편법도 마다하지 않았다. 수사 과정에 수상한 돈과 '안가'가 드러난다.

첫 번째
열 쇠

돈

이시형은 현직 대통령 아들로선 처음으로 특검의 소환 조사를 받았다. 불명예였다. 2012년 내곡동 특검 때였다. 이명박 대통령 부부가 아들에게 나랏돈 들여 내곡동 땅을 사주려다 들통났다. 실무자들이 처벌됐고 나랏돈 수억 원이 축났다.

괴자금 금고 문은 그렇게 열렸다. 특검 수사 도중 이시형이 자기의 명의로 전세 계약한 강남 아파트가 발견됐다. 전세보증금만 7억 원이 넘었다. 출처가 불분명한 돈이었다.

"내 소유의 재산이 없다"던 이시형이 어디서 이런 큰돈을 구했을까? 출처는 청와대 공무원들이었다. 이들이 현금 수억 원을 수표로 바꿨다. 이 돈은 집주인 계좌로 들어갔다. 돈다발이 청와대 담벼락 아래를 오갔다. 괴자금이다.

그러나 내곡동 특검은 괴자금과 관련된 내용을 단 한 줄도 수사 결과 발표문에 담지 않았다. 이시형의 전셋집도 없었고, 청와대도 없었다. 이명박의 은닉 자금이라는 의혹이 있었지만 수사는 거기서 끝났다. 추적은 괴자금의 출발점에서 시작한다.

첫 번째 열쇠는 돈이다.

이시형의 전셋집을 찾다

내곡동 특검 수사팀은 이시형의 강남 아파트를 '안가'라고 불렀다. 안전가옥(安全家屋)의 줄임말이다. 보안과 경호상 안전하다는 뜻이다. 표준국어대사전은 안가를 이렇게 정의한다. "특수 정보 기관 따위가 비밀 유지를 위하여 이용하는 일반 집." 특검팀은 수사 과정에서 찾아낸 당시 이명박 대통령의 아들, 이시형이 거주하던 전셋집을 이렇게 불렀다.

원래 안가는 권력자들의 놀이터로 애용됐던 곳이다. 은밀했고 그만큼 음습했다. 여자와 돈이 있었다. 박정희 전 대통령이 유흥을 즐기다 김재규 중앙정보부장의 총탄에 맞아 비극적인 운명을 맞았던 궁정동 안가가 그런 곳이다. 삼청동 안가에선 전두환 전 대통령이 강제로 일해재단 기금을 거뒀다. 궁정동과 삼청동 외에도 청와대 주변 효자동, 청운동 일대에 여러 채의 안가가 있었다.

안가 정치는 문민정부가 들어서면서 끝났다. 김영삼 전 대통령은 1993년 취임 직후 "군사정권의 잔재를 청산한다"며 삼청동 안가를 제외한 다른 안가들을 모두 철거했다. 철거된 곳엔 공원이 조성됐다.

살아남은 삼청동 안가는 '번지 없는 집'이라 불린다. 겉으로 보면 평범한 단층 양옥주택이지만, 건평이 얼마나 되는지 방이 몇 개나 되는지 등은 모두 기밀이다. 바깥에는 테니스 코트 두 면이 갖춰져 있다. 이명박 전 대통령도 재임 초반 주말이면 테니스를 치러 안가를 종종 찾았다고 한다.*

이시형의 안가는 그런 안가가 아니었다. 지방에 있는 회사에 다니는 이시형이 서울에 올 때 묵었던 집이다. 그 회사가 경주에 있는 다스다. 수사팀이 이 집을 안가로 부른 이유는 알 수 없다. 최고 권력자의 아들이 사는 집이라 안가라 불렀을 수도 있고, 감춰져 있던 집이라서 그렇게 불렀을 수 있다.

내곡동 특검 수사팀은 수사 기간 내내 이시형의 행적에 의문을 품었다. 돈의 행방을 쫓기 위해 "내곡동 땅값으로 쓸 돈을 직접 운반했다"는 이시형의 행적을 추적했다. 돈이 움직인 길에 이시형이 없다면 돈은 움직이지 않았다는 뜻이다.

온갖 방법이 동원됐다. 특검은 휴대전화 사용 위치, 신용카드 결제, 인터넷 접속 기록 조회 등 모든 수단을 동원해 이시형의 행적을 쫓았다. CCTV도 찾고 목격자도 확인했다. 이시형의 행적이 촘촘하게 메뀌졌다.

진술과 행적이 달랐다. 이시형은 "청와대에 있었다"고 했는데 증거가 가리키는 그의 위치는 강남 한복판이었다.

서울로 올 때면 부모가 있는 "청와대에서 잔다"는 게 이시형의

※ 「꼭꼭 숨은 대통령 안가…… '형님'도 헷갈려」, 《한겨레》, 2008년 11월 13일.

일관된 진술이었다. 하지만 이시형의 휴대전화는 밤마다 강남 한복판에 있었다. 이시형의 실거주지는 휴대전화 사용 위치 추적으로 금세 드러났다. 감추고 싶었을지도 모를 안가의 존재는 이렇게 드러났다.

서울시 강남구 삼성동 힐스테이트 142제곱미터(43평형)짜리 아파트가 바로 안가다. 30대 초반 남성이 혼자 살기에는 꽤 넓다. 삼성로, 학동로 등을 통해 강남 업무지구로 빠르게 이동할 수 있다. 다스 서울사무소가 있던 양재동도 지척이다. 강남에 직장이 있고 사람과 어울리기 좋아하는 젊은 남성이 살기에는 딱 맞다. 1100세대가 넘는 대단지 아파트라 주거 여건도 좋다. 무엇보다 보안도 뛰어나다.

2012년 취재진이 안가를 찾은 첫날, 아파트 단지 정문에서 가로막혔다. 경비업체 직원은 "무슨 일로 왔냐"고 물었다. "○○동 □□호, 인터뷰하러 왔다"고 둘러댔다. 경비업체 직원은 아무렇게나 불러댄 ○○동 □□에 인터폰으로 연락했다. "삐―" '진짜 받으면 어떡하나, 뭐라고 변명하나' 진땀이 났다. "삐―" 수차례 인터폰 소리가 울렸다. 경비업체 직원은 "아무도 없다, 받지 않는다"며 출입을 막았다. 차량 차단기 막대는 올라가지 않았다. '차라리 잘됐다' 싶었다.

취재차량을 한적한 곳에 세워놓고 카메라 기자와 함께 아파트 쪽문을 찾았다. 입주민 누군가가 문을 열고 나오길 무작정 기다렸다. 해가 뉘엿뉘엿 넘어가기 시작했다. 제법 쌀쌀했다.

드디어 문이 열렸다. 쪽문이 열린 틈을 놓칠세라 아파트 안으로 한 발 집어넣었다. 마음이 급했다. 행여나 경비업체 직원의 제재를 받을까 싶어 발걸음을 서둘렀다. 뒤도 돌아보지 않고 ○○동 □□호로 향했다. 미리 확인해둔 안가의 동과 호수를 확인하고 카메라에 담았다.

관리사무소로 향했다. 아는 사람들은 다 알았다. '대통령 아들 집' '이명박 아들 집'이라고 했다. 관리사무소에서 만난 직원은 "몇 해 전 강남경찰서에서 나와서 CCTV를 몇 개 더 달고 갔다, ○○동에 이명박 대통령 아들이 사니까 주변에 더 달아놓고 간 것 같다"고 했다.

경찰서에선 관내 국회의원들 집 주소쯤은 다 파악하고 있다. 우리나라 경찰의 밑바닥 정보력은 꽤 괜찮다. 관내 유력 인사들은 언제든 보호 대상이 될 수 있기 때문이다. 하물며 리틀 VIP는 말할 것도 없다. 대통령은 물론 그의 가족도 모두 경호 대상이다. '대통령 등의 경호에 관한 법률' 4조에 따른 것이다.

관리사무소에선 몇 가지 이야기를 더 꺼냈다. "며칠 전에 특검에서 CCTV를 죄다 확인하고 갔다"고 했다. 됐다. 안가가 맞다. 안가의 존재를 눈으로 확인한 순간이었다. 몇 발자국 뒤처졌지만 특검 수사를 정확하게 쫓아가고 있다는 게 확인됐다. 안가 주변을 맴돈 수상한 돈이 정체를 드러내는 순간이기도 했다.

특검 수사 기한이 이틀 앞으로 다가왔을 때였다. 특검 수사 기간을 연장할 것이냐, 말 것이냐. 칼자루를 손에 쥔 건 이시형의 아버지, 당시 대통령인 이명박이었다.

"재산이 없다"던 아들의 재산

이명박은 슬하에 1남 3녀를 두고 있다. 이시형은 막내이자 외아들이다. 1978년 3월생, 2017년 마흔 줄에 들었다.

최근 부쩍 입길에 오른다. 먼저 이른바 '네이버 실종 사건'이다. 이명박을 검색하면 포털 '다음'에선 이시형이 아들이라 나온다. 그런데 '네이버'에선 이시형 이름이 삭제됐다. '이명박'을 검색하면 가족으로 배우자 '김윤옥'만 나온다. 왜 하필이면 지금 사라졌는지 그 배경에 관심이 쏠렸다. 이명박의 보이지 않는 손이 작동한 건 아닌가, 의심의 눈초리가 쏠렸다. "아버지를 아버지라 부르지 못한다"는 우스갯소리까지 나왔다.

이명박 측은 특별한 의도가 없었다고 못 박았다. "비서실에서 이 전 대통령의 사진을 교체하던 과정에서 출가한 자녀들의 이름까지 굳이 명시할 필요가 있겠냐는 생각에 이 전 대통령 내외의 함자만 넣어달라고 네이버에 요청했다"고 설명했다.

마약 연루설까지 나왔다. 음성 반응이 나와 마약 투약 의혹을 벗긴 했지만, 이시형은 모발과 소변 검사를 자처해야 할 정도로 유명세를 톡톡히 치렀다. 여기에다 다스 실소유주 의혹까지 하나 더 얹어졌다. 이시형은 아버지에 이어 무대의 한가운데로 불려나왔다. 스포트라이트가 쏟아졌다.

이시형이 대중들 앞에 등장한 건 2012년 내곡동 특검 때다. 짧게 자른 머리에 뿔테 안경, 검은색 양복에 파란 넥타이를 한 말쑥한 차림으로 포토라인에 섰다. 피의자 신분이었다. "대통령의 지시를 받았나" "특검 진술 내용을 아버지와 상의하고 왔나"는 취재진의 질문이 쏟아졌다.

이시형이 카메라 앞에 모습을 드러낸 건 이때가 처음이 아니었다. 인터넷에 떠도는 사진이 있다. 2002년, 당시 서울특별시장이었던 이명박이 월드컵 영웅 히딩크 감독에게 명예시민증을 수여하는 공식석상에서 찍힌 사진이다. 맨체스터 유나이티드 반팔 티셔츠에 운동용 반바지 그리고 슬리퍼 차림으로 히딩크 감독과 기념 촬영을 해서 구설에 올랐다.

철없던 아들은 아버지 이명박의 사돈 기업인 한국타이어를 거쳐 2010년 8월 큰아버지 이상은이 회장으로 있는 자동차 부품회사 다스에 경력사원으로 채용된다. 2012년 특검 수사로 곤욕을 치른 이후 이시형은 다스에서 승승장구한다. 경영기획실장을 거쳐 2015년에는 전무로 빠르게 승진한다. 해외법인 대표 자리도 줄줄이 꿰찬다. 주식이 1주도 없는 이시형이 다스의 전면에 나서면서 아버지 이명박이 다스의 실소유주가 아닌가 하는 의혹에도 다시 불이 붙었다.

이시형은 특검 수사를 받던 그때만 하더라도 그다지 주목받지 못하던 청년이었다. "직업 다스 경영기획팀장, 연봉 5천만 원."

2012년 내곡동 특검은 수사 결과를 발표하면서 이시형의 경제적 상태를 이렇게 평가했다. 이시형도 당시 특검 조사에서 "내 소유의 재산이 없다"고 진술할 정도로 아직 손에 쥔 건 별로 없는 '평범'한 30대 초반의 사회초년병이었다. 평범했던 청년이 경영의 귀재라 불릴 정도로 '비범'함을 보이기까지 성장에 필요했던 시간은 길지 않았다. 4년 남짓이었다.

"내 소유의 재산이 없다"던 이시형의 진술은 사실이었을까? 반은 사실이고, 반은 거짓이었다. 특검 수사 막바지에 이시형의 재산이 드러났다. 바로 안가였다. 강남 한복판에 이시형이 본인 명의로 전세 계약한 아파트를 특검팀이 찾아냈다. 전세보증금은 7억원이 넘었다. 7억 4천만 원이었다. 보증금을 자신의 돈으로 냈다면 "내 소유의 재산이 없다"는 진술은 거짓일 것이고, 보증금이 자신의 돈이 아니라면 "내 소유의 재산이 없다"는 진술은 진실일 것이다. 진술이 사실이라면 또 다른 문제가 발생한다. 이 돈은 누구의 돈인가?

청와대였다. 정확하게 얘기하자면 청와대 근처였다. 청와대 근처 은행들에서 현금 수억 원이 수표로 바뀌었다. 이렇게 바뀐 수표가 세입자 이시형의 집주인 계좌로 들어갔다. 이 돈을 들고 은행을 찾아다니며 수표로 바꾼 이른바 '행동대원'들은 청와대 직원들, 바로 공무원들이었다. 그러나 누가 이들에게 현금다발을 건네면서 수표로 바꿔 오라고 시켰는지, 2012년 내곡동 특검 수사는 밝히지 못했다. 아니, 수사를 하지 못했다. 수사 기간을 늘려달라는 특검의 요청을 이명박 당시 대통령이 거부했다.

청와대 견제에 시달린 역대 최단 기간 특검이었다. BBK 특검이 갖고 있던 기록을 깨트렸다. 똑같이 이명박을 겨냥했던 BBK 특검의 수사 기간은 38일이었다. 내곡동 특검은 그것보다도 짧은 30일이었다. 미완의 수사를 다시 이어가보자. 거기서 돈의 주인을 찾아보자.

꼬리 밟힌 전세금

부동산등기부등본부터 살펴보자. 서울시 강남구 삼성동 힐스테이트 아파트. 등본을 보면 전세권 설정이 돼 있지 않았다. 전세권이란 쉽게 말해 전세금을 반환 받을 권리를 말한다. 전세권을 설정할 경우 집주인이 보증금을 돌려주지 않으면 별도의 소송 절차 없이 바로 법원에 경매를 신청할 수 있다. 전세금에 관해선 전세권자는 다른 채권자보다 우선변제를 받을 권리도 있다. 전세권이 설정되면 부동산등기부등본 '권리자 및 기타사항' 란에 전세금 액수, 전세권 존속 기간 그리고 전세권자 이름과 주민등록번호, 주소가 적힌다. 이시형이 전세권 설정을 했다면 이시형의 이름과 주민등록번호, 주소를 알 수 있다. 그러나 설정된 전세권이 없기 때문에 부동산등기부등본만 봐선 이시형의 흔적을 찾을 수 없다.

등본에 적힌 집주인을 찾았다. 근처에서 부동산중개업소를 운영하고 있는 배모 씨였다. 배씨는 "모른다"고 했다. '공인중개사 배○○'이라고 적힌 명함을 본인이 직접 건네놓고선 자신이 배○○ 이란 사람이 아니라고 했다. 부동산등기부등본을 보여주며 "당신이 소유자가 아니냐"고 했지만 "아니"라고 했다.

눈빛이 떨렸다. 말은 더 떨렸다. '대통령'이란 단어가 나오자 더 떨리기 시작했다. '살아 있는 권력'에 대한 막연한 불안과 공포가 전해졌다. 혹시 모를 해코지나 불이익이 두려운 듯했다. "아무것도 모른다"고 했다. 그러곤 말문을 닫았다. 배씨가 특검팀에 이시형과 맺은 임대차계약서를 제시한 지 얼마 지나지 않은 날이었다.

핵심은 돈이다. "내 소유의 재산이 없다"던 이시형이 무슨 돈이 있어서 강남 한복판의 아파트에 세 들어 살 수 있었을까?

2010년, 이시형은 자신의 명의로 임대차계약서를 맺은 것으로 나타났다. 첫 전세금은 6억 4천만 원이었다. 당시 33세였던 이시형은 무직이었다. 외국계 투자회사와 매형이 부사장으로 있던 한국타이어에서 직장 생활을 잠깐 한 게 경력의 전부였다. 그리고 그해 8월 다스에 경력사원으로 채용된다. 이시형은 2년 뒤에 1억 원을 더 올려 7억 4천만 원에 전셋집을 재계약한다

재산이 없다던 이시형이 7억 원이 넘는 전세금을 냈다. 전세금은 누구의 돈인가? 이시형의 숨겨둔 재산일까? 사채를 끌어다 쓴 걸까? 부모한테 증여를 받은 걸까? 의문이 꼬리를 물었다.

7억 4천만 원을 재구성해보자. 여러 관계자들을 접촉한 끝에 전세금의 윤곽을 파악할 수 있었다. 전세금은 계약금, 중도금, 잔금 형태로 나눠서 치러졌다.

계약금 6100만 원

계약금은 쉽게 확인됐다. 특검팀 추적 결과, 계약금 6100만 원은 계좌로 오갔다. 1954년생 설모 씨의 계좌에서 집주인 배씨의 계좌로 송금됐다. 여기서 의문의 여성 설씨가 등장한다.

설씨는 이시형의 가족도 친인척도 아니다. 피 한 방울 섞이지 않았다. 그렇다고 남도 아니다. 이시형은 비공개로 이뤄진 특검 2차 조사에서 설씨를 오래전부터 집안일을 도와주던 보모 같은 존재라고 말한 것으로 알려졌다.

설씨는 이시형뿐만 아니라 이명박 부부와 오랜 시간 인연을 맺어왔다. 이명박의 부인 김윤옥의 최측근이다. 특검 수사에서 어머니 김윤옥이 아들 이시형에게 보내는 생활비 상당수가 설씨의 계좌를 거쳐 전해진 것으로 드러났다. 설씨가 김윤옥과 이시형 사이의 돈 창구 역할을 한 것이다.

정리하면 6100만 원 계약금은 보모 같은 설씨가 이시형에게 보냈다.

잔금 2천만 원

잔금은 어떻게 치렀을까? 현금으로 전해졌다. 이시형이 직접 2천만 원을 들고 와서 잔금을 치른 것으로 집주인은 기억했다. 자기 집이 아니라고 한 배씨가 그렇게 기억했다고 한다.

전세금 7억 4천만 원 가운데 설씨가 송금한 계약금 6100만 원과 이시형이 직접 치른 현금 2천만 원을 빼면 6억 5900만 원이 남는다.

나머지 6억 5900만 원

6억 5900만 원이 어디서 왔는지, 출발점을 찾아야 한다. 단서는 있었다. 집주인은 전세금으로 받은 돈 가운데 일부의 행방을 정확히 기억해냈다. 집주인은 "내 통장에 들어있는 3억 2천만 원이 전세금으로 받은 돈 가운데 일부다, 모두 수표다"라고 특검에 진술했다. 1천만 원짜리 수표 32장이었다. 꼬리가 밟히기 시작했다.

7억 4천만 원의 윤곽

이명박·김윤옥 부부가 아들을 위해 전세금을 부담했다고 하면, 이 돈은 이명박의 숨겨진 재산일 가능성이 크다. 이시형의 첫 전세 계약은 2010년 초 전세금 6억 4천만 원에 이뤄진다. 대통령 재임 중 이명박 부부가 관보를 통해 공개한 재산 가운데 예금이나 보험 등 현금성 자산만 따지면 2009년 말 1억 7천여만 원, 2010년 말 4억여 원이다. 1년 새 2억 4천여만 원이 늘었다. 당시 대통령 연봉 1억 8천여만 원보다 예금액이 늘어난 것이다. 6억 원 넘는 아들의 전세금을 부담하고도 이 정도 예금액이 늘어날 수는 없다. 이 기간에 따로 처분한 부동산도 없다. 부채가 늘어난 것도 없다.

이명박의 현금성 자산 및 채무 현황

2009년 말	예금·보험	1억 7,060만 원
	부채	2억 3,800만 원
2010년 말	예금·보험	4억 939만 원
	부채	2억 3,800만 원

출처: 《관보》

  이명박 부부가 전세금을 부담했다면 숨겨둔 주머니에서 돈을 꺼냈을 가능성이 크다. 이 돈을 추적하다 보면 돈의 출처까지 찾을 수 있다. 숨겨둔 돈이라면 다스와 관계가 있을지도 모른다. 그렇다면 다스의 실소유주를 확인할 수 있는 열쇠가 될 거다.

  계속해서 7억 4천만 원을 추적해보자. 계좌에서 계좌로 돈이 오가면 흔적이 남는다. 하지만 손으로 건네지면 흔적이 남지 않는다. 돈은 말이 없다. "줬다" "안 줬다" "받았다" "안 받았다"는 사람의 주장만 남는다. 추적하는 데 고역이다. 말만 쫓다 보면 수사가 엎어지기 일쑤다. 하지만 수표는 다르다. 7억 4천만 원 가운데 일부는 수표였다.

좁혀진 수사망

모든 수표는 흔적을 남긴다. 수표 한 장 때문에 범행의 덜미가 잡히는 사건은 비일비재하다. 수표의 일생에 관심을 가져야 하는 이유다.

은행에서 발행된 수표는 돈처럼 돌고 돌다 은행에서 고단한 삶을 마친다. 마이크로필름 형태로 보관된다. 앞면과 뒷면이 촬영돼 있다. 보관 의무 기간은 5년이다. 수표를 발행한 은행을 찾아 이 필름을 확인하면 수표가 언제 만들어졌는지, 어느 계좌에서 나왔는지 알 수 있다. 산부인과 병원에서 의료기록을 확인하면 아기가 언제 태어났는지, 부모가 누구인지 알 수 있는 것처럼 말이다. 바뀐 부모도 찾을 수 있다. 수표 뒷면에 적힌 '이서(裏書)' 기록을 확인하면 된다.

추적 대상인 수표는 3억 2천만 원, 모두 1천만 원짜리였다. 1천만 원짜리 수표 32장이 1차 수사선상에 올랐다.

수표 발행일

수표 32장의 출생날짜는 2010년 3월 9일과 10일이었다. 이틀

에 걸쳐 수표가 발행됐다. 2010년 이시형이 전세 계약을 할 즈음
이었다.

형제수표

형제가 더 있었다. 3월 9일과 10일, 이틀 동안 발행된 수표는
1천만 원짜리 32장이 전부가 아니었다. 일련번호가 연결된 수표,
이른바 '형제수표'가 40장이 넘었다. 4억 원이 넘는 수표 가운데 1천
만 원짜리 수표 32장, 3억 2천만 원만 집주인 배씨의 계좌에서 발
견됐다.

수표 발행 은행

수표가 태어난 은행은 한군데가 아니었다. 신한은행 효자동점
과 KB국민은행 청운동점 그리고 당시 하나은행 등 열 곳 안팎이
었다. 서울 종로구 효자동과 청운동은 모두 청와대 인근이다. 은
행들은 청와대 반경 2킬로미터 안에 있었다.

청와대를 중심으로 반지름 2킬로미터짜리 원을 컴퍼스로 그려
보자. 동서남북 반경 2킬로미터 안에 수표가 태어난 은행들이 위

치한다. 수사망은 청와대 반경 2킬로미터 안으로 좁혀졌다.

수표의 주인

그럼 수표의 부모는 누굴까? 한 명이 아니었다. 주모 씨, 고모 씨, 도모 씨, 이모 씨, 김모 씨 등 모두 여섯 명이었다. (특검 수사 팀이 찾아낸 여섯 명 가운데 나머지 한 명은 정확한 이름을 확인할 수 없었다.) 이들이 은행에서 현금을 수표로 바꾼 것으로 드러났다. 수천만 원씩, 많게는 1억 원이 넘었다. 이렇게 바꾼 수표가 집주인 배씨의 계좌에 들어간 것이다.

주씨 등 여섯 명이 2010년 3월 9일과 10일 이틀에 걸쳐 청와대 인근 은행들을 돌아다니며 현금을 수표로 바꿨다. 32장을 제외한 나머지 수표의 행방은 찾지 못했다. 특검팀은 더 이상 수사를 하지 않았다. 당시 대통령인 이명박이 수사 기간 연장 요청을 거부했다. 특검 수사가 가로막혔으니 '안' 한 것이기도 하고, '못' 한 것이기도 하다. 수표로 바꾼 3억 2천만 원과 설씨가 송금한 계약금 6100만 원, 이시형이 치른 잔금 2천만 원을 제외한 금액 3억 3900만 원은 어디서 왔는지 확인할 수 없었다. 3억 3900만 원의 출발점은 오리무중이다.

전세금 7억 4천만 원	계약금	6100만 원	설○○ (김윤옥 최측근)	전세금 출처
	3억 2000만 원		청와대 공무원 6명	
	3억 3900만 원		?	
	잔금	2,000만 원	이시형	

주씨 등 여섯 명은 이시형과 무슨 관계일까? 특검 조사 결과 이들은 모두 청와대 소속 공무원들이었다. 대통령 아들을 위해 그들이 여러 뭉치의 현금을 들고 청와대 담벼락 아래를 오간 것이다.

여섯 명이 모두 한 팀에서 근무했다면, 이들이 수표로 바꾼 현금 뭉치는 한 주머니에서 나왔을 가능성이 높다. 4억 원 넘는 뭉칫돈을 여러 다발로 나눈 뒤 제각각 은행에 들고 나타났을 것이다. 한 명이 한꺼번에 수표로 바꾸면 될 일을, 이틀에 걸쳐 여러 명이 열 곳 안팎의 은행을 일일이 방문했다. 이유는 충분했다. 4억 원이나 되는 현금을 수표로 바꿔달라고 하면 틀림없이 의심을 받았을 것이다.

오래된 돈

주씨 등 여섯 명은 당시 청와대 재정팀에서 근무했다. 그곳은 청와대 안살림을 꾸려가는 곳이다. 이 가운데 '대장'은 팀장격인 주씨였다. 대장답게 주씨가 가장 많은 현금을 수표로 바꿨다. 현금 1억 5천만 원을 1천만 원짜리 수표 15장으로 바꿨다.

주씨가 들고 다닌 현금은 은행에 증거를 남겼다. 1억 5천만 원 가운데 1억 4천만 원이 '구권화폐'였다. 모두 만 원권이었다. 만 원권은 2006년과 2007년을 기준으로 신권과 구권으로 나뉜다.

2007년부터 만 원권이 신권으로 바뀌었다. 신권과 구권은 크기도 달라졌고, 도안도 달라졌다. 한눈에 알 수 있다. 신권은 구권에 비해 크기가 더 작아졌다. 가로, 세로 각각 한 10밀리미터 정도 줄었다. 겉모습도 확 바뀌었다. 신권의 색상이 구권보다 밝고 화려하다. 앞면의 세종대왕 초상도 다르다. 뒷면은 주요 도안 자체가 바뀌었다. 구권은 경회루, 신권은 혼천의가 한가운데 있다. 각종 첨단 위조 방지 장치도 확대 적용됐다.

다시 한 번 강조하자면 구권은 2006년까지 발행됐던 돈이다. 이후 유통량이 자연스레 줄었고 서서히 시장에서 사라졌다. 구권이 언제쯤부터 보기 힘들어졌는지 가늠해볼 수 있는 자료가 있다. 한국은행 자료를 보면 구권의 경우 천 원권은 수명이 28개월,

5천 원권은 26개월 그리고 만 원권은 61개월이다. (한국은행은 "다 같은 지폐라고 하더라도 고액권일수록 수명이 길어진다"고 설명한다. 덜 쓰기 때문이다. 또한 신권에 비해 구권이 수명이 더 짧았다. 용지 품질이 요즘보다 못하기 때문이다.) 즉, 2006년 말 발행된 만 원 구권은 대개 2011년 말이면 더러워지거나 찢어져서 수명을 다했을 것이다.

빙산의 일각

구권의 수명을 따지는 건 정체불명의 돈이 언제 조성됐는지 추측할 수 있는 중요한 단서이기 때문이다. 주씨가 현금 1억 5천만 원을 수표로 바꿨던 건 2010년이다. 1억 5천만 원 가운데 1억 4천만 원은 발행 중단된 지 4년이 된 구권이었다. 주씨가 갖고 다닌 돈이 2006년 말 마지막으로 발행된 구권이었다면, 2010년은 자연적 수명이 거의 다해가고 있을 때다.

손을 많이 탈수록 현금의 수명은 짧아진다. 현금 회전 속도가 더 빨라지면 수명은 더 짧아진다. 하지만 어딘가 보관돼 있던 돈이라면 얘기가 달라진다. 책장 속에 끼워뒀다 잊어버렸던 비상금처럼 구권이지만 빳빳한 상태로 은행에 나타날 수 있다. 주씨가 은행에 가져간 돈은 이렇게 시중에 유통되지 않고 금고나 벽장,

그 어딘가에 모셔뒀던 돈일 수도 있다. 주씨가 매일 청와대를 출퇴근하던 공무원이라는 점, 현금을 운반한 행동대원들이 죄다 청와대 공무원이라는 점을 감안한다면, 그 어딘가는 청와대 안일 수도 있다.

구권도 수표처럼 흔적을 남긴다. 일부 은행은 구권이 수표로 바뀔 때 그 액수까지 기록해뒀다고 한다. 주씨가 찾은 은행이 공교롭게도 이런 기록을 남기던 은행이었다. 본인 명의로 수표를 발행했으니까 먼저 '주○○'이라는 이름이 남았다. 현금 1억 5천만 원을 1천만 원짜리 수표 15장으로 바꿔간 기록도 남았다. 은행이 이 가운데 1억 4천만 원을 '구권'이라고 기록해놓았다. 특검 수사로 현금 1억 5천만 원의 정체가 거의 완벽하게 복원됐다.

이런 기록이 없다면 수표로 바꾼 현금이 구권인지 신권인지 알 수 없다. 다른 공무원들이 수표로 바꾼 현금 가운데 구권화폐가 없다고 단정할 수 없는 이유다. 기록만 없다 뿐이지 청와대 공무원들이 수표로 바꾼 현금은 대부분 구권일 수 있다. 다시 말해 청와대 공무원들이 들고 다닌 정체불명의 돈이 오래전에 조성돼 어딘가에 보관돼 있다 다시 나타난 돈일 수도 있다는 얘기며 그 보관처는 청와대 안일 수도 있다는 말이다.

청와대 직원들이 사비를 털어서 대통령 아들의 전세금을 마련했을 리는 없다. 구권과 신권이 뒤섞인 4억 원이 넘는 이 돈의 주인은 따로 있을 것이다. 구권이 상당량이라면 그 돈은 아주 오래

전부터 모아둔 돈일 가능성이 있다. 쌓아둔 돈이 4억 원이 전부가 아니라 그 이상을 훌쩍 뛰어 넘을 수도 있다. 청와대 공무원들이 들고 다닌 돈은 어딘가에 쌓아둔 현금더미의 일부, 빙산의 일각일 수 있다. 돈의 주인을 찾아야 한다.

3월에 내린 폭설

현금을 수표로 바꾼 2010년 3월 9일과 10일은 화요일과 수요일이다. 근무 시간에 현금다발을 청와대 안에서 챙겨 왔거나 청와대에서 나온 뒤 누군가에게 건네받아 은행으로 향했을 것이다.

날씨가 지독했다. 춘설(春雪)이 전국을 뒤덮었다. 3월 9일과 10일, 이틀 동안 서울에는 최고 13.5센티미터가 쌓여 3월 적설량으로는 2004년 이후 6년 만에 최대량을 기록했다. 영락없이 한겨울이었다. 이런 날씨에 청와대 공무원들이 현금다발을 들고 수표로 바꾸러 다닌 것이다. 돈다발 무게도 만만찮았다.

한국은행이 현금 1억 원의 무게를 달아봤다. 1억 원은 만 원권이 1만 장이다. 만 원권 1만 장의 무게는 거의 10킬로그램에 육박한다. 정확히 말하면 9.6킬로그램이다. 신권이 그렇다는 거다. 구권은 더 무겁다. 만 원짜리 구권 1만 장의 무게는 11.4킬로그램이다.

청와대 소속 주씨가 어디선가 들고 나온 현금 뭉치는 구권 만원이 1만 4천 장으로 1억 4천만 원이고, 나머지는 신권 만 원 1천장으로 1천만 원이다. 주씨가 현금을 한꺼번에 돈가방에 넣고 오갔다면 무게는 얼마나 될까? 16.92킬로그램이다. 쌀 한 포대에 맞먹는 만만찮은 무게다.

현금 1억 원의 무게가 쌀 한 포대 정도라면 부피는 얼마나 될까? 박근혜정부는 이른바 '국정원 상납금'을 007가방에 담아 건넨 것으로 알려졌다. 국정원이 5만 원권 현금을 007가방에 담아 이재만, 안봉근 등 이른바 청와대 '문고리들'에게 건넸다. 5만 원권 2천 장이 현금 1억 원이다. 007가방에 5만 원권 2천 장 정도는 쉽게 들어간다. 2002년 대통령 선거 때 이른바 '차떼기'에 사용된 007가방에는 만 원권으로 약 1억 원이 들어갔다고 한다. 바꿔 말해 만 원권 1억 원은 007가방 한 개에 들어가는 양이다.

007가방도 크기가 들쭉날쭉하겠지만 1억 5천만 원이면 007가방 두 개는 있어야 운반이 가능하다는 얘기다. 주씨가 근무 중이던 청와대를 나와 007가방으로 현금을 운반했다고 하면 1억 5천만 원을 가방 두 개에 나눠 담았을 것이다. 가방 무게를 빼도 16.92킬로그램을 양손에 들고 은행까지 걸어간 셈이 된다. 은행들이 청와대 반경 2킬로미터 안에 있었으니 도보로 길게는 30분 정도 걸어가야 한다. 가방 무게까지 더하면 혼자서 운반할 수 있었을까 싶다. 차량을 이용했다고 하면 돈가방 두 개를 싣고 청와대 경내를 빠져나왔다는 얘기다.

궂은 날씨에도 청와대 공무원들 여러 명이 이틀에 걸쳐 대통령 아들의 전세금으로 쓰일 수표를 발행하러 동분서주한 것은 쉽게 이해하기 어렵다. 청와대에 은행이 없는 것도 아니다. 청와대 연풍문에 농협 청와대지점이 있다. 연풍문은 내방객들이 출입증을 교부받거나 직원 면회신청을 하는 곳이기도 하고, 직원들이 청와대 비서동을 드나드는 곳이기도 하다. 비서동을 나와서 여기서 돈을 바꾸면 거리도 가깝고 눈을 맞을 일도 없다. 불편이 이만저만이 아닌데 멀리 떨어진 은행들을 선택했다. 출처를 감춰야 할 '검은돈'이 아니라면 현금을 잘게 쪼개서 운반할 이유도 없다.

현금을 굳이 수표로 바꾼 것도 석연치 않다. 현금이 수표가 되면 추적이 쉬워진다. 몰랐을 리 없다. 그래도 그랬다면 부피가 작은 수표로 바꿔야 할 이유가 있었을 것이다. 집주인에게 수억 원의 현금다발을 전세금이라고 내놓기가 켕겼거나 돈다발을 본 집주인이 여기저기 소문낼까 두려웠을 수도 있다. 소문은 빠르다. 천리도 간다.

청와대 행동대원들

한두 명도 아니고 청와대 공무원들이 죄다 이시형과 개인적인 친분이 있을 리 없으니, 이시형과 친분이 있는 윗선을 찾아야 한다. 행동대원들의 있다면 두목이 있을 것이다. 두 갈래로 나눠서 찾아보자. 하나는 청와대 재정팀, 다른 하나는 청와대 부속실이다.

청와대 재정팀

먼저 돈을 운반한 이른바 청와대 행동대원들, 재정팀 여섯 명이 누군지 꼼꼼히 살펴보자. 주씨 등 여섯 명 가운데 두 명은 2017년 말 기준 현직 공무원이다. 한 명은 청와대 파견 이후 국세청으로 다시 돌아와 서울 한복판의 세무서장을 맡기도 했다. 현재는 외부 기관에 파견 근무 중이다. 다른 한 명은 정부 중앙부처에 '원대 복귀'해 재정 관련 업무를 맡고 있다. 팀장격이었던 주씨는 공직을 떠나 얼마 전까지 한 신용카드 회사 감사 자리에 있었다. 다른 한 명은 공직을 그만두고 미국 유학길에 올랐다. 나머지 두 명은 연락이 닿지 않고 있다. 수소문했지만 찾을 수 없었다.

2012년 특검팀도 이들의 신원을 확인했다. 감사원에서 파견 나온 공무원도 있었다. 바로 주씨다. 감사원에서 1급 자리까지 올랐다. 정권 교체기처럼 시국이 어수선할 때 감사원은 으레 역대 최대 규모의 인력을 투입해 공직 감찰에 나선다. 주씨는 이를 이끄는 역할도 맡았다. 복지부동, 무사안일, 공직 기강 해이, 정치적 중립 의무 위반 등을 잡아낸다. 공직 비리도 감찰 대상이다. 주씨는 공직 비리 발본색원을 이끌었다.

탈세 같은 수상한 돈의 흐름을 추적하는 경제 검찰인 국세청에서 파견 나온 공무원도 있었다. 거액의 현금을 은행에 자주 넣었다 뺐다 하면 금융정보분석원(FIU)의 감시망에 포착돼 의심을 살 수 있다는 사실은 국세청 공무원들에겐 상식이다. 금융정보분석원은 돈세탁 같은 의심스런 기록들을 차곡차곡 모아두는 곳이다. 이런 의심을 사지 않으려면 현금을 잘게 쪼개서 여러 사람을 동원할 필요가 있다. 국세청 공무원의 노하우가 필요했을지도 모른다.

특검팀 내부가 시끄러워졌다. 공무원들의 수상한 행동을 이해할 수 없었을 것이다. 특검팀은 신원을 확인하여 일일이 전화했다. 주어진 시간이 별로 없었다. 특검 수사 기한 마지막 날이 사나흘 앞으로 다가왔을 때였다. 이명박 대통령이 특검 수사 기간 연장 요청을 받아들이지 않는다면 수사를 마무리해야만 했다. 몇 명은 전화를 받지 않았다. 그리고 몇 명은 "그런 사실은 있다"면서 "위에서 시킨 대로 했다"고 답했다고 한다.

이게 끝이었다. 참고인 출석요구서도 보내지 못했다. 결국 이명박 대통령은 특검의 수사 기간 연장 요청을 받아들이지 않았다. 시킨 사람이 누구인지, 밝히지 못했다. 수사는 그렇게 끝났다.

청와대 부속실

이시형이 전세금을 마련하는 데 도움을 준 청와대 행동대원은 한 명 더 있다. 청와대 제2부속실 소속 설모 씨다. 이시형이 보모 같은 존재라고 말했다는 설씨다. 이광범 특검은 수사 결과 발표 자리에서 베일에 싸여 있던 설씨를 "이시형 가족과 오랜 인연을 맺고 한 가족처럼 지내는 분"으로 설명했다.

설씨는 이시형의 전셋집 계약금 6100만 원을 자신의 금융계좌를 통해 집주인 배모 씨에게 송금했다. 설씨가 이시형에게 보낸 돈은 더 있다. 계좌 추적에서 드러난 돈만 일이 년 동안 수천만 원이다. 차량 구입 대금으로 의심되는 4600만 원을 포함한 뭉칫돈이 설씨의 계좌에서 이시형의 계좌로 전달된다. 이시형 계좌에 설씨의 돈이 들어오면, 그 돈이 그대로 삼사백만 원씩 다른 사람의 계좌로 여러 차례 빠져나가기도 한다. 이시형 계좌가 사채업자의 것처럼 돈 거래가 복잡하다는 말이 나왔다.

설씨는 이명박 전 대통령의 서울특별시장 시절(2002~2006년)

에도 김윤옥 여사의 최측근이었다. 4년 내내 설씨는 시장 관사 소속으로 있었다. 이명박 당시 14대 국회의원 시절(1992~1996년)에는 대명기업에서 임금을 받기도 했다. (이시형도 한때 대명기업 직원이었다는 사실이 알려지면서 구설에 올랐다. 이명박이 대선 후보였던 2007년이었다. 이시형이 2007년 3월부터 11월까지 대명기업에 위장 취업해 매달 250만 원을 받은 사실이 드러났다.) 대명기업만 보더라도 설씨와 김윤옥의 인연은 적어도 1990년대 초반부터 이어져 온 것으로 보인다. 이 인연은 청와대로도 이어진다.

이명박의 대통령 당선 이후 설씨는 청와대 제2부속실에서 일했다. 부속실은 대통령의 일거수일투족을 보좌하며 일정을 챙기는 제1부속실과 영부인을 보좌하는 제2부속실로 나뉜다. 제2부속실은 영부인의 일정 및 행사, 관저 생활까지 24시간 영부인을 보좌하는 역할을 수행한다. 제2부속실 소속 설씨도 지척에서 김윤옥 여사를 보좌했다.

특검은 돈의 출처를 확인할 필요가 있었다. 설씨를 통한 수상한 돈거래는 수사 초반부터 드러났다. 특검은 무슨 돈인지 묻기 위해 설씨에게 여러 차례 전화를 했지만 설씨는 받지 않았다고 한다. 청와대에서도 좀체 설씨 얼굴을 보기 힘들다는 말도 전해졌다. 설씨가 소환 조사를 대비하고 있다는 말도 흘러나왔다. 하지만 설씨는 특검에 나타나지 않았다. 사실상 잠적했다. 특검은 설씨에 대해 출국금지를 하고 출석을 요구했다. 그러나 끝내 응하지 않았다.

피의자라면 수사기관의 소환 요구에 여러 차례 불응할 경우 체포영장을 발부받아 강제로 구인할 수 있지만, 참고인이라면 뾰족한 수가 없다. 특검은 "참고인들이 제때 안 오거나 안 나오면 수사 지연이 아니라 사실상 수사 방해가 될 수도 있다"고 압박했지만, 손쓸 방법이 없었다. 특히 수사 기간이 제한된 특검 수사에선 참고인이 버티기에 들어간다면 버티는 쪽이 이길 수밖에 없다. 설씨는 결국 이겼다. (피의자가 아닌 사람을 강제로 구인할 수는 없는 일이다. 혐의 사실도 뚜렷하지 않아 체포영장이나 구속영장 발부가 어려운 피의자를 참고인으로 데려와, 실제로는 피의자 조사를 진행하는 방식으로 남용될 우려도 있다. 특검은 수사를 마무리하며 "단기간의 수사 과정에서 중요 사건 관련자들이 참고인이라는 이유만으로 출석에 불응하고 허위 진술을 하는 경우, 의혹 사건에 대한 진상 규명이라는 특검의 취지를 달성할 수 없게 된다"면서 신중한 검토를 거쳐 제한적으로라도 참고인 구인 제도 등의 도입을 검토할 필요가 있다고 주장했다.)

궁금한 건 나도 마찬가지였다. 목소리라도 듣고 싶었다. 당최 개인 연락처를 알 수 없었다. 청와대 부속실로 매일 전화했지만 닿지 않았다. 김윤옥과 함께 찍힌 사진이라도 있을까 뒤졌다. 한 장도 찾지 못했다. 설령 있더라도 얼굴을 모르니 설씨를 알아볼 도리도 없었다.

설씨가 이시형에게 보낸 돈의 출처는 특검 수사 막바지에 김윤옥이 대신 답한다. 서면답변서를 통해 아들에게 차량 대금이나 생활비 등을 댔다고 진술한다. 설씨는 김윤옥과 이시형의 징검다리 역할을 한 것이다. 아들에게 보내는 돈을 노출하지 않기 위해, 김윤옥이 설씨 계좌를 여러 차례 빌려 쓴 걸로 보인다.

김윤옥의 서면답변서는 11월 13일 특검에 도착했다. 수사 종료일을 하루 앞둔 날이었다. 이명박 대통령은 이미 특검의 수사 기간 연장 요청을 거부한 상태였다.

돈의 주인

수사는 가로막혔고 윤곽만 드러났다. 부동산중개업소를 찾아 안가를 계약하는 실무를 맡은 건 설씨다. 안가 계약금뿐만 아니라 수천만 원이 설씨를 거쳐 이시형에게 넘어갔다. 김윤옥의 돈이다. 김윤옥의 재산은 해마다 신고됐다. 고위 공직자는 부인의 재산까지 해마다 신고해야 한다. 대통령 부인도 당연하다. 이 많은 돈이 어떻게 이시형에게 전달됐는지, 제대로 신고는 됐는지 꼼꼼히 따져볼 필요가 있다. 신고하지 않은 주머니의 돈이라면 문제는 간단치 않다.

다른 한쪽에선 청와대 재정팀 공무원들이 대거 동원됐다. 적어도 3억 2천만 원이 이렇게 조성됐다. 이들이 누구에게서 이 돈을 받았는지 확인되지는 않았다. 팀장격인 주씨가 부하 직원들에게 현금을 수표로 바꿔오라고 지시했을 수는 있다. 하지만 주씨가 이 모든 일을 기획하고 주도했을 가능성은 낮다. 주씨가 단독 기획했다면 의심스런 돈의 출처가 설명되지 않는다. 이명박 부부와 가까운 누군가가 지시했을 가능성이 높다.

이들의 상관은 김백준 당시 청와대 총무기획관이다. 청와대에 들어갈 때는 총무비서관이었다. 이듬해 총무기획관으로 격상됐다. 명칭을 바꾸느라 대통령실 훈령까지 개정됐다. 청와대는 "기획관은 법적으로는 비서관급이지만 실제로는 수석비서관과 비서관 중간 직급으로 보면 된다"고 설명했다. '왕비서관'이라고 불렸던 대통령 최측근인 김백준에 대한 예우 차원으로 해석됐다.

김백준은 올해 79세로 1940년생이다. 이명박보다 한 살 많다. 이명박과 고려대 상대 1년 선후배지간이다. 한일은행에서 일을 시작해 금융 전문가로 성장한 김백준은 1977년 현대 계열사인 국제종합금융으로 이직하며 당시 현대건설 사장으로 있던 이명박과 인연을 맺었다. 이명박과 40년 세월을 동고동락하며 MB의 영광과 좌절을 함께했다. 이명박의 정치적 목숨이 걸렸던 BBK 사건 미국 재판 때 MB의 대리인으로 나선 건 두 사람의 신뢰 정도를 상징한다.

김백준은 금융통이다. 그를 부르는 별칭도 모두 돈과 관련됐다. MB의 '영원한 집사' '금고지기' 등이다. 이명박의 내밀한 금전 거래 내역을 모두 꿰고 있는 인물로 꼽힌다. 이명박의 돈을 이명박보다 더 잘 안다는 평을 듣는다.

김백준은 청와대에서도 안살림을 꾸렸다. 이전에도 이명박의 재산 관리를 맡았다. 대선 자금 관리도 김백준 몫이었다. 이명박은 대선 후 경선 비용으로 21억 8098만 원, 대선 비용으로 372억 4900만 원을 썼다고 중앙선거관리위원회에 신고했다. 대선을 치르려면 수많은 비공식 자금도 필요한 것으로 알려져 있다. 대선은 2007년에 있었다. 구권화폐가 마지막으로 발행됐던 2006년 이듬해다. 대선을 치르고 돈이 남았다면, 잔금은 구권화폐로 남아 있을 것이다. 청와대 재정팀 주씨가 들고 다닌 그 구권 말이다. 대선 잔금에 관한 내용도 김백준이 가장 잘 알 것이다.

구권화폐를 포함한 현금다발을 수표로 바꾼 재정팀은 김백준 당시 총무기획관이 이끌고 있던 팀 가운데 하나였다. 김백준은 모두 네 개 팀을 이끌고 있던 것으로 알려져 있다. 본관팀, 위민팀, 인사팀 그리고 재정팀이다. 재정팀은 대여섯 명 정도로 한 팀이 꾸려졌다. 돈다발을 수표로 바꾸는 데 동원된 공무원들이 모두 여섯 명인 것을 보면 재정팀 대부분이 투입된 것으로 보인다. 여섯 명 가운데 한 명인 도씨와의 일문일답이다.

Q. 2010년에 청와대 재정팀에서 근무한 적 있나?

— 그렇다, 맞다.

Q. 2010년 3월에 청와대 근처 은행에서 현금을 수표로 바꾼 적 있나?

— 그랬었나? 하여튼, 있었다면?

Q. 무슨 돈으로 바꿨는지 궁금하다.

— 그건 내가 알 수 없다. 돈을 어떻게 바꿨는지 정확히 기억 안 난다. 재정팀에 있다 보면 일상적으로 현금 업무를 많이 한다.

Q. 청와대 공금인가?

— 잘 모르겠다.

Q. 현금을 수표로 바꿨다면 알 것 같은데?

— 아니다. 그렇게까지는 나는 알 수 없다.

Q. 누가 바꿔오라고 지시를 내리는 건가?

— 필요하면 팀장이 말하든지 대부분 그렇게 한다.

Q. 당신이 수표로 바꿨던 돈이 이시형 전세금으로 들어가 있다고 하더라.

— 그런가? 허허허.

Q. 그게 무슨 돈인지 궁금하다.

— 그건 내가 알 수 없다.

Q. 어디서 꺼내서 줬을 거 아닌가.

— 나는 실무를 담당하기 때문에 알 수 없다.

Q. 돈을 직접 건네받았나?

— 잘 기억이 안 난다.

Q. 이시형 전세금으로 들어갔다는 게 이상하다.

— 거기까지는 모른다.

Q. 수표는 당연히 이시형한테 직접 준 것은 아닐 텐데?

— 그럴 리가 없다.

도씨는 현금을 수표로 바꾼 일에 대해서는 부인하지 않았다. 본인이 바꾼 수표가 이시형 전세금으로 들어갔더라는 말엔 헛웃음을 지었다. 도씨는 현재도 공무원이다.

이른바 청와대 행동대원들을 최근 다시 접촉했다. 주씨는 전화를 받았다. 다음은 주씨와의 일문일답이다.

Q. 내곡동 특검 수사 내용을 취재하다 보니 재정팀 공무원들이 현금을 수표로 많이 바꿨다더라. 누구한테 받은 돈인지 궁금하다.

— 특검에서 그런 말이 나온 건가? 왜 그런 말이 떠도는가?

Q. 재정팀 직원들이 바꿨던 수표가 이시형 집주인에게 들어간 것으로 나왔다더라. 당신 돈은 아닐 텐데······. 누구한테 받은 돈을 수표로 바꿨을 것 같다. 누구인가?

— 그런 일도 없고, 기억도 없다.

Q. 수표로 바꾼 적 없나?

— 그렇다.

Q. 특검 수사에선 그런 걸로 나왔다던데?

— 수사팀에 물어봐라.

Q. 그런 사실 자체가 없나?

— 그렇다.

Q. 은행 기록이 있다고 한다. 주○○, 고○○, 도○○ 씨 다 기록이 있다던데?

— 오래전 일이라 생각도 안 나고 기억도 없다. 자꾸 묻지 마라.

Q. 김백준 당시 총무기획관이 돈을 준 것 아닌가?

— 그만해라.

Q. 돈 준 사람이 김백준 기획관 아닌가?

— ·······.

다음은 고씨와의 일문일답이다.

Q. 2011년 이시형 전세금으로 재정팀에서 바꿨던 수표가 들어

   갔더라.

— 그렇다.

Q. 만만찮은 액수라 기억할 것 같은데 누가 준 건지 궁금하다.

— 음······.

Q. 주 팀장이 줬나, 김백준 당시 총무기획관이 줬나?

— 그때 기억으로는 주 팀장이 줬을 거다, 아마도.

Q. 만만치 않은 액수던데?

— 얼마였나?

Q. 3억 원이 넘었다. 그런 일이 자주 있었나?

— 그런 부분에 대해서는 말하기 어렵다.

Q. 주 팀장이 준 것 기억하나?

— 그렇다. 얼마를 줬는지는 기억 안 난다.

Q. 조금씩 나눠받은 건가?

— 그런 것 같다.

Q. 이시형 전세금인지 알았나?

— 허허, 공무를 집행하는 사람이 그게 개인적으로, 그쪽으로
   가는지 알 수 없는 거고…… 공적 자금 집행으로 봤다.

Q. 공적 자금 집행이다? 공적인 돈이라고 생각했나?

— 바꿔오라고 했으니, 당연히 공적 돈인지 알았다. 어디로 가
   는지는 모른다.

Q. 얼마 정도 됐나?

— 기억 안 난다.

Q. 왜 수표로 바꿨나?

— 나도 그건 이해하기 어렵다.

Q. 시켰기 때문에 한 건가?

— 그렇다.

Q. 죄다 천만 원짜리 수표로 바꿨던데?

— 그런가? 유감스럽게도 그건 기억나지 않는다.

Q. 수표로 바꾼 그날 눈이 엄청 왔더라. 혹시 기억하나?

— 백만 원짜리인지 천만 원짜리인지도 기억 못 하는데…….

Q. 주 팀장이 줬고, 무슨 이유인지 모르지만 수표로 바꿨다는
   건 기억하는 건가?

— 그렇다. 기억한다.

Q. 이런 일들이 자주 있었나?

— 그 부분에 대해서는 말하기 어렵다. 그만하겠다.

고씨는 주 팀장이 그 많은 현금을 수표로 바꿔오라고 한 건 자신도 이해하기 어려울 정도로 이상했다고 말했다. 다만 얼마를 수표로 바꿨는지는 모르겠다며 도리어 액수를 나에게 되물었다. 비슷한 일들이 얼마나 자주 되풀이되었는지에 대해서는 입을 닫았다.

관련자들의 말을 종합하면 팀장격인 주씨가 돈을 나눠준 뒤 수표로 바꿔오라고 지시한 것으로 보인다. 주씨는 입을 닫고 있다. 주씨의 상관은 김백준이었다.

수상한 자금을 겨냥한 내곡동 특검 수사의 칼끝은 사실상 이명박의 최측근 문턱까지 치달았다. 그리고 바로 뒤에는 대통령이 있었다. 문지방을 넘어서기만 하면 대통령까지 수사가 도달하는 건 시간 문제였을 수 있다. 다른 한쪽엔 김윤옥의 최측근도 수사선상에 올랐다. 수사망은 청와대 반경 2킬로미터 안으로 좁혀졌다. 특검의 칼날은 청와대 한가운데로 향하고 있었다. 수사는 딱 거기서 멈췄다.

특검 수사가 성과가 없었던 건 아니다. 돈이 오간 출입구는 찾았다. 청와대 행동대원들이다. 그 위엔 누가 있을까? 몇 사람 되지 않는다. 손에 꼽을 수 있다.

괴자금의 행방

괴자금 수사는 없던 일처럼 끝났다. 특검 수사 발표문에는 한 줄도 나오지 않았다. 아파트도, 전세금도 없었다.

청와대 재정팀 공무원들과 설씨가 관련된 돈은 결국 이시형의 전세금으로 사용됐다. 그 돈이 다시 어디로 흘러갔는지 확인하면 출처를 짐작할 수 있다. 이시형의 전세금을 살펴보자.

이시형의 전세 계약은 2년마다 갱신됐다. 첫 계약은 2010년 2월에 했다. 2012년 특검 수사가 있었던 해에는 재계약한 상태였다. 이후 계약은 갱신되지 않았다.

전세금의 행방을 알고 있을 집주인 배모 씨와 5년여 만에 접촉했다. (그는 특검 수사 기간엔 '안가'가 자기 집이 아니라고 부인할 정도로 극도로 예민했다.) 다음은 배씨와의 일문일답이다.

Q. 이시형 전세 계약 끝났나?
— 진작 끝났다.
Q. 한 번만 재계약하고 끝난 건가?
— 그렇다.
Q. 전세금 7억 4천만 원은 어떻게 했나?
— 이시형 계좌로 넣었다.

Q. 7억 4천만 원 한꺼번에 줬나?

— 거기까지는 기억나지 않는다.

Q. 7억 4천만 원이잖나?

— 그렇다. 당연히 그쪽으로 줘야지.

Q. 계좌로 넣었나?

— 그렇다.

Q. 출금해서 준 건 없나?

— 그런 거 없었다.

Q. 계약 끝내면서 이시형이랑 만난 적 있나?

— 계약 끝내기 직전에 만났다.

Q. 설○○ 씨라는 여성 본 적 있나?

— 전셋집 내놓고 나서 어떤 여자가 문 따주고 하더라. 이름은
잘 모르겠다.

Q. 처음 계약할 때 이시형 만난 적 없나?

— 지난 일이다. 더 이상 안 물어봤으면 좋겠다.

2014년 2월 전세 계약이 끝나면서 전세금 7억 4천만 원 전액이 집주인 배씨의 계좌에서 이시형의 계좌로 송금된 것으로 확인됐다. 출처가 불분명한 돈이 결국 이시형 손으로 넘어간 것이다. 괴자금이 전세금으로 세탁된 뒤 이시형 재산이 된 셈이다. 2012년 내곡동 특검 수사 당시만 하더라도 "내 소유의 재산이 없다"던 이

시형의 재산이 순식간에 7억 4천만 원이 불어났다. 이 돈에 대해 이시형이 증여세를 냈는지는 불분명하다. 출처가 불분명한 돈에 대해 증여세를 냈을 가능성은 거의 없다.

이시형은 2015년 자동차 부품회사 '에스엠(SM. Co. Ltd)'을 세운다. 자신과 고모부의 지분을 3대 1로 하여 자본금 1억 원에 세운 회사다. 전세금이 창업자금으로 쓰였는지도 꼼꼼히 따져봐야 할 일이다.

두 번째
열　쇠

땅

의혹의 출발은 땅이었다. 이명박 아들이 사들인 서울 내곡동 땅이 의혹의 시작이었다. 여기서도 수상한 돈이 나온다. 현금 6억원이 이명박의 맏형 이상은의 자택 붙박이장에서 나왔다. 이 돈은 가방에 담겨 청와대 관저로 옮겨졌다. 이시형이 직접 운반했다. 내곡동 땅값으로 이시형이 큰아버지에게 빌렸다는 돈이다. 진술은 그렇다.

이상은과 김재정은 함께 서울 도곡동 땅을 사들여 10년만에 200억 넘는 수익을 올린다. 이상은은 그 돈을 펀드에 투자했고 펀드 수익의 일부를 이시형에서 빌려줬다고 진술했다. 도곡동 땅 수익금이 다스의 자본금으로도 들어갔으니 도곡동은 다스의 뿌리가 된 땅이기도 하다. 무엇보다 실소유주가 이명박이라는 의혹이 일었던 땅이다. 이명박은 "하늘이 두 쪽 나도 내 땅이 아니"라고 부인했다.

두 번째 열쇠는 땅이다.

"허름한 가방에 6억 원을 담았다"

땅값부터 보자. 서울 내곡동 땅값은 11억 2천만 원이었다. 이시형은 그 돈을 모두 빌려서 마련했다. 취등록세 같은 세금이나 대출 이자도 빌린 돈으로 냈다. 절반은 은행에서 빌렸고 나머지 절반은 이상은에게 빌렸다고 진술했다.

은행에서 빌린 돈부터 살펴보자. 이시형은 농협 청와대지점에서 6억 원을 빌렸다. 어머니 김윤옥의 서울 논현동 자택 땅(349.6제곱미터)이 담보로 잡혔다. 담보물 평가액은 20억여 원, 대출 가능 금액은 13억 원이 넘었다. 이시형은 6억 원만 대출받았다. 대출 기간은 3년 만기, 금리는 연 4.85퍼센트였다. 특검은 "김윤옥의 신용도를 고려할 때 특혜 대출이 아니"라고 밝혔다.

이시형이 내곡동 땅값으로 필요한 돈은 세금 등을 포함해 넉넉잡아 12억 원 정도였다. 김윤옥의 부동산을 담보로 대출 가능한 금액이 13억 원이 넘었으니 은행에서 전액 대출하면 충분했다. 그러나 이시형은 은행에서 6억 원만 빌리고 나머지 6억 원은 "1년 뒤 원금과 연 5퍼센트의 이자를 함께 갚는 조건"으로 이상은에게서 빌렸다고 말했다. 차용증도 썼다고 주장했다.

어디서 돈을 빌리는 게 나을까? 이자가 싼 곳에서 빌리는 게 합리적이다. 농협 청와대지점이 이자율이 더 낮았다. 큰아버지에게 빌린 돈의 이자율이 0.15퍼센트 더 높았고 1년 뒤에 다 갚아야 하는 불리한 조건이었다.

사회초년생 이시형의 사정을 보자. 특검 조사대로라면 이시형은 월급 빼고 돈 나올 구석이 딱히 없다. 대출 이자가 낮고 대출 기간이 긴 곳에서 돈을 빌리는 게 합리적이다. 이시형은 불리한 조건을 감수하고 굳이 큰아버지에게 돈을 빌렸다. 셈이 맞지 않는 대출이다.

큰아버지에게 빌린 6억 원의 정체가 알려지면서 의혹은 더 커졌다. 6억 원은 죄다 현금이었다. 이상은 다스 회장의 자택 붙박이장에 보관하고 있던 돈 가운데 6억 원을 빌렸다는 것이다. 현금 수억 원을 집 안에 쌓아놓고 있다는 진술을 그대로 믿기엔 찜찜하다. 한두 푼도 아니고 6억 원이다. 이상은 회장은 대수롭지 않다는 투로 진술했다. 이 정도 규모의 사업을 하는 사람이면 그 정도 현금은 집에 있다고 했다.

이시형은 본인이 직접 "허름한 가방 세 개에 6억 원을 담아 운반했다"고 특검에서 진술했다. 이목이 집중되는 대통령 아들이 6억 원을 직접 청와대 안으로 옮겼다는 것을 선뜻 이해하기 힘들다. 그날따라 경호원도 없었다. 돈을 건네준 사람과 건네받은 사람을 제외한 제3의 목격자가 없었다. 자금의 출처를 감추기 위해 꾸며낸 말이 아니냐는 의혹이 일었다.

두 사람의 진술을 토대로 이들의 행적을 재구성해보자.

때는 2011년 5월이다. 이시형과 이상은 다스 회장이 등장한다. 주요 무대는 청와대 관저와 서울 구의동 이상은 아파트 그리고 경주 다스 본사다.

5월 20일 금요일

이시형이 경주 다스 본사에서 이상은을 찾아간다. 이시형은 이상은에게 6억 원을 빌려달라고 한다. 미리 써둔 차용증 두 장도 내민다. "1년 뒤 연 5퍼센트의 이자와 원금을 함께 갚는다"는 조건이었다.

이상은이 "우리 사이에 뭘……"이라고 얘기했다가 이내 '요즘 젊은 애들은 이렇구나' 생각하고 차용증을 쓰기로 했다. 차용증에 각자 서명 날인을 한 뒤 한 장씩 나눠 가졌다. 이상은은 대수롭지 않게 생각했다. 차용증에 조카가 대출 조건을 뭐라고 써놓았는지 자세히 읽어보지도 않았다. 공증을 받지도 않았다.

이후 이상은은 경주에서 차를 타고 서울 구의동 자택으로 갔다. 붙박이장 앞에 세워둔 자전거를 치우고 장 안에서 현금을 꺼냈다. 10억 원도 너끈히 들어갈 정도로 큼직한 장이다. 금고로 개조한 지 꽤 됐다. 별다른 잠금장치는 없었다. 평소 자전거 한 대를 붙박이장 앞에 세워놓고 금고가 아닌 척 했다.

이상은은 6억 원을 꺼내 보자기 세 개에 나눠 싸고 선반 위에 올려뒀다. 이상은은 부인 박모 씨에게 보자기를 가리키며 "시형이가 올 테니 오면 건네줘라"라고 말했다. 붙박이장에 남은 수천만 원은 다른 보자기에 싸서 다시 경주 다스 본사로 돌아갔다. 붙박이장은 텅 비었다. 그리고 주말이 지났다.

5월 23일 월요일

이시형은 월요일 저녁 8시쯤 경주에서 KTX를 타고 서울로 향했다. 서울역에서 내린 뒤 청와대 관저로 이동했다.

청와대 관저는 대통령과 그 가족들이 생활하는 공간이다. 한옥 양식으로 세 채가 있는데, 침실과 생활공간이 있는 본채와 접견공간인 별채 그리고 사랑채로 구성돼 있다.

이시형은 주로 주말에는 청와대에서 지냈다. 그 주는 달랐다. 주말 내내 경주에 머물다 월요일에 서울로 이동했다. 그날 밤 이시형은 청와대에서 잤다.

아버지와 어머니가 머무는 청와대 관저에서 하룻밤을 보낸 이시형은 점심도 청와대에서 먹었다.

그리고 관저에 있던 가방 세 개를 골라 자기 차에 실었다. 노트북 가방과 여행용 캐리어 그리고 골프 가방이라고도 불리는 보스턴 가방이었다. 허름해 보이는 걸로 골랐다.

차를 직접 몰고 청와대 문을 나선 이시형은 구의동 큰아버지 아파트로 갔다. 큰어머니에게서 보자기 세 개를 건네받아 미리 준비해왔던 가방 세 개에 나눠 담은 뒤 차에 실었다. 노트북 가방에는 5만 원권으로 1억 원을 넣었다. 나머지 여행용 캐리어와 보스턴 가방에는 만 원권으로 5억 원을 나눠 담았다. 엘리베이터로 11층까지 오르내렸다. 이후 다시 청와대로 돌아와 관저 붙박이장 앞에 가방 세 개를 놓았다.

이시형은 청와대 총무기획관실 '본관팀'에 소속돼 있던 김세욱 선임행정관을 찾았다. 김세욱은 청와대 본관 및 관저 관리를 총괄하고 대통령 가족의 청와대 내 생활을 뒷받침하는 업무를 담당하고 있다. 대통령 가족에 가장 근접해서 청와대 내 집안일을 도맡고 있다. 김세욱에게 붙박이장 앞에 놓아둔 가방 세 개를 보여주고 돈을 맡겼다. 내곡동 땅값이라고 말했다. 나머지 돈은 어머니 김윤옥의 논현동 땅을 담보로 은행에서 빌릴 거라고 말했다. 김

행정관에게 대출 서류를 준비해달라고 부탁했다. 그리고 이시형은 청와대에서 저녁을 먹었다.

이후 김 행정관이 어떻게 처리했는지 이시형은 전혀 알지 못한다. 따로 통화한 적도 없다. 이시형은 김 행정관이 알아서 땅값을 치르고, 세금을 내고, 이자도 낸 걸로 알고 있다.

요약하면 이시형이 큰아버지 아파트에 차를 몰고 가서 현금 6억 원을 빌린 뒤 청와대 붙박이장에 넣어뒀다는 거다. 그리고 돈을 맡겨둔 김세욱 행정관이 잔금을 치를 때까지 한 달 가까이 거액의 현금 뭉치를 청와대 관저에 보관했다는 거다. 이 돈거래는 특검의 의심을 샀다.

번복되는 진술

이시형이 이상은에게 돈을 빌린 날짜가 오락가락했다. 이시형이 검찰에 낸 서면답변서에서는 '5월 23일'에 돈을 빌렸다고 적혀 있다. 이시형은 소환되지 않았다. 검찰은 서면답변서만 봐도 "아귀가 딱 맞다"며 소환 조사할 필요가 없다고 했다. 검찰은 이시형을 비롯한 피고발인 일곱 명 전원을 '무혐의' 불기소 처분했다.

그랬던 이시형이 특검에 소환돼 추궁이 이어지자 돈 빌린 날짜를 '5월 24일'로 번복한다. '착오에 의한 오류'였다고 밝힌다. 이상은의 진술도 똑같이 번복됐다.

특검은 이미 알고 있었다. 23일에 돈을 빌렸다는 이시형의 진술이 사실이 아니란 걸 말이다. 그날 이시형은 경주에 있었다. 특검은 23일 경주 다스 공장의 근무일지와 그날 저녁 경주 근처에서 사용된 이시형의 신용카드 결제내역을 확보하고 있었다.

특검이 증거들을 제시하자 이시형은 "착오에 의한 오류였다"며 돈 빌린 날짜를 24일로 번복한다. 그리고 하루 앞선 23일 저녁에 경주에서 서울로 이동했다며 KTX 표를 구매한 신용카드 결제 내역도 제출했다. 돈 빌린 날짜를 번복하긴 했지만, 빌린 건 맞다는 주장을 이어갔다. 23일 저녁 경주에서 서울로 올라간 건 사실이니 24일 큰아버지에게서 돈을 빌렸다는 것도 사실이라는 거다. 날짜는 착각할 수도 있지만, 돈 빌린 건 맞다고 주장했다.

특검팀의 행적 추적은 이어졌다. 아귀가 딱 맞지 않는 진술과 행적은 여기저기서 발견됐다. 한둘이 아니었다. 특검이 안가의 존재를 확인한 것도 진술과 딱 맞지 않는 이시형의 행적을 추적하다 얻은 뜻밖의 수확이었다. 청와대 행동대원들이 들고 옮긴 수상한 돈다발의 존재를 확인한 것도 소위 얻어걸린 거였다. 진술과 다른 이시형의 행적 때문에 모두 다 들통난 것이다.

네 시간의 공백

이시형의 휴대전화가 23일 밤 삼성동 안가에서 울렸다. CCTV에도 잡혔다. 차량 출입 기록을 확인해보니 이시형은 24일 오전 차를 몰고 나섰다.

진술이 신빙성을 잃으면 큰아버지에게서 돈을 빌렸다는 말도 신뢰를 잃게 된다. 돈의 출처가 거짓일 수 있다. 출처는 제3의 인물이나 제3의 장소일 수 있다. 청와대 안 누구일 수도 있다. 먼저 23일 청와대에서 잤다는 거부터 거짓이었다.

남은 건 24일 행적이다. 특검은 이시형에게 돈을 건넸다는 큰어머니 박모 씨의 행적도 조사했다. 박씨는 24일, 서울 청담동 한 중국집에서 점심을 먹었다. 그 중국집은 3년치의 예약자 명단과 전화번호를 보관해두고 있었다. 당시 지배인과 통화한 내용이다.

Q. 특검 수사팀이 예약자 명부를 확인했나?
— 그렇다. 예약자 명단은 3년 동안 보관한다. 예약자 이름과 연락처가 적혀 있다.

Q. CCTV는 없나?
— CCTV 자료는 오래 보관하지 않는다.

Q. 특검팀이 뭘 묻던가?

— 특검팀이 비밀로 해달라고 했다.

Q. 5월 24일 '박○○'라는 이름으로 예약된 게 있나?

— 있다. 매실방이다.

Q. 대통령 아들, 이시형도 왔나?

— 이시형 정도의 VIP는 수행원이 붙기 때문에 기억할 텐데, 내 기억에는 없다. 평범한 모임이었던 걸로 기억한다. 친구들 모임이었던 거 같다.

박씨는 본인 이름으로 예약했고, 모두 네 명이 매실방에서 식사했다. "친구들 모임이었던 거 같다"고 지배인이 말했다. 식사는 낮 12시 15분쯤 들어갔고, 오후 2시 49분에 13만 2천 원이 신용카드로 결제됐다. 중국집에서 구의동 자택까지는 6킬로미터 남짓, 서둘러도 집까지 20분 정도 걸린다. 박씨가 구의동 자택에 머문 건 일러도 오후 3시 10분 이후다.

박씨가 밖에 있었으니 이시형이 오전에 삼성동에서 구의동으로 곧바로 갔더라도 돈을 빌릴 수는 없었다. 박씨가 구의동 자택에 돌아온 오후 3시 10분 이후부터 이시형이 청와대에 있었다는 저녁까지, 네 시간 정도의 공백이 있다. 그동안의 일을 파악하는 게 수사의 관건이었다. 휴대전화, 신용카드, 인터넷, CCTV 등의 기록과 목격자 증언 등 모든 수단이 동원됐다.

24일 이시형의 행적이 드러났다. 다음은 특검이 밝혀낸 내용이다.

양재동 다스 사무소

24일 오전 10시 이시형은 삼성동 안가에서 양재동 다스 서울사무소로 출근한다. 청와대에서 잤다는 이시형의 검찰 진술은 특검의 행적 조사에서 거짓으로 드러났다. 이시형은 오후 1시 반쯤에 HTS(홈트레이딩시스템)로 주식을 사들였고, 오후 2시 30분 쯤에는 회사망에 접속해 전자 결제도 했다. 이시형은 적어도 오후 2시 30분까지 양재동 다스 서울사무소에 머물렀다.

학동사거리 레스토랑

오후 6시 50분쯤 이시형은 강남 학동사거리에 있는 패밀리 레스토랑에 나타난다. 일행이 두 명 더 있었다. 이후 압구정동에 있는 가라오케로 이동한다.

이날 이시형이 이상은에게 현금 6억 원을 빌렸다면 오후 2시 30분부터 오후 6시 50분 사이였을 것이다. 양재동에서 청와대 관저로 이동해 가방 세 개를 골라 차에 싣고 점심도 먹어야 한다. 차

> 양재동 → 청와대 관저 → 구의동
> → 청와대 관저 → 강남 학동사거리
> 총 이동거리: 약 70킬로미터

를 몰고 구의동으로 이동해 박씨에게서 6억 원을 받아 가방에 담은 뒤 차에 싣고 청와대로 돌아와야 한다. 저녁도 먹어야 한다. 그후 강남 학동사거리에 가야 한다. 빠듯한 시간이다.

자동차 주행 시간만 대략 두세 시간 정도다. 차량 정체로 더 걸릴 수도 있다. 네 시간 동안 점심과 저녁 두 번을 먹어야 한다. 이상은은 11층에 산다. 엘리베이터를 오가며 돈가방 세 개를 날라야 한다. 박씨와 몇 마디 말도 나눴을 거다. 김세욱 행정관을 불러 돈의 자초지종을 설명하고, 어떻게 처리할 지 상의하고 부탁도 해야 한다. 네 시간 안에 이를 모두 해결해야 한다. 이시형의 진술이 사실이라면 이시형은 이 모든 걸 용케 해낸 것이다.

"뭔 돈, 걔가 그래요?"

석연치 않은 점이 더 있다. 박씨는 돈의 전달자다. 이상은과 이시형의 진술이 일치한다. 하지만 박씨는 금시초문이라는 반응을 보였다.

2012년 10월 17일, 특검은 이상은의 구의동 자택과 다스 본사 등 여섯 곳을 전격 압수수색했다. 압수수색 당시 이상은은 중국에 있었다. 특검팀 출범 하루 전 15일 돌연 출국한 것이다. 특검이 출국금지를 요청했지만 한발 늦었다. 압수수색 때 부인 박씨도 집에 없었다. 근처 딸 집에 있다 특검 수사팀의 연락을 받고 집에 왔다. 평소에도 딸 집에 머문다고 했다. 이시형에게 6억 원을 건네줬냐는 수사팀의 질문에 박씨가 말했다. "뭔 돈, 걔가 그래요?" 뒤이어 도착한 변호사가 박씨의 답변을 제지했다. 박씨는 더 이상 말이 없었다.

압수수색 과정은 캠코더에 그대로 녹화됐다. 박씨의 진술도 녹화됐다. 검사가 작성한 압수수색 검증조서(압수수색 상황을 시각·청각·후각·촉각·미각을 활용해 기록한 조서)로도 남았다. 모른다는 투의 박씨 반응은 특검팀의 의심을 샀다. 박씨가 돈의 전달자가 아닐 수도 있다는 의심은 짙어졌다. 한두 푼도 아닌 50킬로그램 넘는 돈을 전달했다면 그런 반응을 보일 리 없다. 준 사람이 아니라면, 받았다는 것도 거짓이다.

결정적인 건 이시형의 차가 구의동 아파트에 출입하지 않았다는 것이다. 기록상 그렇다. 특검팀은 이상은 회장의 구의동 아파트 자동차 출입 기록에서 이시형의 차량을 찾을 수 없었다. "기록을 남기지 않으면 들여보내지 않는다"는 수위의 진술도 확보했다.

가로막힌 수사

그날따라 경호원이 없었다. 대통령 아들 혼자 차를 몰고 가방 세 개에 거액의 현금을 넣어 서울 시내를 오갔다. 대통령과 그의 가족은 모두 경호 대상이다. '대통령 등의 경호에 관한 법률' 4조에 따른 것이다. 경호처 소속 경호원들은 대통령 아들을 영식(令息, 윗사람의 아들을 높여 이르는 말)님이라고 하며 깍듯이 모신다. 그런데 그날따라 경호원들은 이시형 곁에 없었다.

이시형이 특검에 소환됐을 때를 보면 평소 어느 정도 수준의 경호가 이뤄지는지 예상 가능하다. 2012년 10월 25일, 아침 7시쯤부터 특검 사무실 주변은 일반인의 출입이 철저히 통제됐다. 소환 예정 시각은 오전 10시였다. 1.2미터 높이의 철제 차단막 20여 개로 둘러싸여 봉쇄되다시피 했다. 전날 미리 등록해 스티커형 비표를 지급받은 사람만 바리케이드를 통과할 수 있었다. 검은색 정장 차림의 경호원들이 주변 빌딩 옥상까지 깔렸다. 2선에는 서초경찰서 소속 경찰 100여 명과 사복 경찰 30여 명이 배치됐다. 대통령 아들이 소환된 날, 이렇게 물샐 틈 없는 경호가 펼쳐졌다.

이시형에 대한 근접 경호가 경주에서 서울역, 서울역에서 청와대 까지는 이뤄졌다. 정작 돈을 빌리러 간 날, 청와대에서 구의동은 이뤄지지 않았다. 누군가의 표적이 될 수도 있는 VIP의 아들이 근접 경호원 한 명도 없이 거액을 들고 혼자 움직인 것이다.

특검팀은 이시형의 자동차에 대한 압수수색도 시도했다. 네비게이션만큼 정확한 것도 없다. 내비게이션을 분석하면 이시형의 동선을 손금 보듯 알 수 있다. 하지만 특검은 내비게이션 확보에 실패했다. 삼성동 안가에서 잠복했지만 차는 나타나지 않았다.

법원은 이시형의 차량에 대한 압수수색 영장을 발부하면서 이시형의 서울 거주지, 삼성동 아파트 내에서만 영장을 집행하라고 단서를 달았다. 단서를 달지 않더라도 청와대 경내에 차를 박아놓았다면 이를 확인할 방법은 없다. 특검 수사팀이라고 청와대에 막무가내로 들어갈 수는 없다.

이제 검증 가능한 물증은 차용증과 가방 세 개다. 차용증은 특검에 제출됐다. 이상은이 차용증 사본을, 이시형이 차용증 원본을 제출했다. 두 장 다 서명 날인이 돼 있었다. 그러나 워드로 작성해 출력한 것이었다. 공증 절차도 거치지 않았다. 두 사람이 말만 맞추면, 특검 제출 하루 전에 차용증을 작성하고 예전에 쓴 것처럼 시치미를 떼도 알 수 없다.

이시형은 청와대 관저 대통령 방에 있는 컴퓨터로 차용증을 작성했다고 진술했다. 특검이 실제 작성 날짜를 확인하기 위해 원본 파일을 달라고 하자 청와대는 "삭제됐다"며 거부했다. "청와대 관저 컴퓨터는 일정 시간이 지나면 파일이 자동 삭제된다"는 이유를 들었다.

압수수색 영장도 기각됐다. 압수수색 영장이 발부된 경호처 문도 열어주지 않는 마당에 영장이 기각된 관저는 말할 것도 없다. 차용증의 진위는 확인할 수 없었다.

청와대는 돈가방도 내놓지 않았다. 특검은 이시형이 진술한 돈가방 세 개의 진위도 확인할 수 없었다. 돈가방을 넣어뒀다는 붙박이장의 실체도 알 수 없게 됐다. 청와대 관저 압수수색이 가로막혔으니 붙박이장의 존재를 눈으로 확인할 기회를 잡지 못한 것이다.

의심의 화살

수상쩍고 의심스러운 정황들은 차고 넘쳤다. 하지만 이시형이 "돈을 빌렸다"고 우기면 어찌할 도리가 없다는 게 문제였다. '네 시간의 공백'은 빠듯한 시간이다. 그러나 완전히 불가능하다고 단정할 순 없었다.

결정적인 단서로 판단됐던 아파트 출입 기록도 그렇다. 이시형이 큰아버지 아파트를 출입한 기록은 없다. 하지만 "정말 한 대도 빼놓지 않고 다 기록했냐"고 이시형 측이 아파트 수위를 몰아붙이면 수위의 진술은 무너질 수 있다. 청와대와 아파트 수위가 싸움을 붙게 되면 그 승패가 어느 쪽으로 기울지는 뻔한 일이다. 수상한 구석이 많다. 그러나 100퍼센트 단정할 수 없는 것이다.

'착오에 의한 오류'였다며 돈 빌린 날짜를 하루 더 미뤄 25일로 번복한다면 일은 더 복잡해진다. 그럴 경우 수사는 원점에서 다시 시작해야 한다. 이시형의 25일 행적까지 다 뒤져야 한다. 은행 전표로 확인한 내곡동 땅값 첫 송금 날짜는 5월 26일이었다. 김세욱 청와대 행정관이 5월 26일 송금한 것으로 나타난다. 이시형이 5월 25일에 돈을 빌렸다고 진술을 또 번복해도 이상할 게 없다. 26일 전에 돈을 빌려다 청와대에 갖다놓은 걸로 하면 된다. 이시형의 진술을 뒤엎을 만한 결정적인 증거, '한 방'이 없었다. 시곗바늘은 30일 동안으로 제한된 수사 데드라인에 임박해 있었다.

특검은 미련을 남겼다. 이창훈 특검보는 수사 결과 발표 자리에서 "이시형과 이상은의 진술이 번복된 점, 실제 그날 현금 6억 원이 전달됐는지 의심할 만한 진술이 이상은 회장의 부인에게서 나온 점, 또 이시형이 그날 이상은의 아파트에 출입을 했다면 당시 출입기록에 흔적이 남아야 하는데 관련된 자료가 나오지 않은 점 등 과연 그날 6억 원이 전달됐는지에 대한 의심이 해소되지 않았다"고 말했다.

중요한 건 날짜가 아니다. 돈을 빌린 날짜가 언제인지 밝히는 게 특검 수사의 목표가 아니었다. 날짜는 아무래도 좋다. 의심의 화살은 다른 곳을 향하고 있었다. 6억 원의 '출처'가 과녁이었다. 특검의 의심이 해소되지 않은 건 6억 원의 출처였다.

이상은에게서 돈을 빌렸다면 돈의 원래 주인은 이상은이다. 이상은이 주인이라면 그 돈은 다스와 연관된 돈일 수도 있다. 6억 원이 다스와 연관된 돈이라면 이명박의 다스 실소유주 의혹과 맞물려 문제는 복잡해진다. 조카에게 선뜻 거액의 현금을 내어준 게 다스와 관련된 돈이라서 그랬을 수도 있다는 거다.

큰아버지에게서 돈을 빌렸다는 진술이 거짓이라면, 6억 원의 주인은 제3의 인물이 될 것이다. 큰아버지 아파트 붙박이장에서 청와대 관저 붙박이장으로 돈을 옮긴 적이 없다면 그 돈은 원래부터 청와대 관저 붙박이장에 있었을 것이다. 그렇다면 그 돈의 주인은 청와대 관저 붙박이장의 주인이 될 것이다.

특검 수사로 이시형의 행적이 촘촘하게 드러나자 "돈을 빌려줬다"는 이상은이 입을 열었다. 한 번도 수사기관에 출석해 조사를 받은 적이 없는 현직 대통령의 큰형이 특검에 제 발로 걸어 나왔다. 2008년 BBK 특검 때도 입원 중이라는 이유로 병원에서 방문 조사만 받았던 이상은이었다.

도곡동과 내곡동

　현직 대통령의 아들에 이어 큰형이 특검에 출석했다. 2012년 11월 1일, 이상은이 모습을 드러냈다. 이상은은 특검 수사 개시 직전 출국해 중국에 장기간 머물렀다. 도피성 출국 논란이 일었다. 귀국 후에도 소환 날짜를 차일피일 미뤘다. 그가 특검에 모습을 드러낸 건 수사 기간이 절반 넘게 소진됐을 때였다.

　이상은이 특검에 출석하면서 특검 주변은 다시 술렁였다. 이상은은 갈색 양복에 붉은색 넥타이 차림으로 검은색 에쿠스에서 내렸다. 잠시 휘청하는 듯했지만, 수행원의 부축을 받고 걸어 나와 카메라 앞에 섰다. 5년 만이었다. 이상은은 5년 전 자신이 소유했던 도곡동 땅에 대해 검찰이 제3자의 차명재산으로 보인다는 수사 결과를 발표하자 반박하기 위해 기자회견을 열었다. 특검 조사는 아홉 시간가량 이어졌다.

　귀갓길에 오른 이 회장에게 취재진의 질문이 쏟아졌다. 이 회장은 "6억 원은 개인 돈인가"라는 질문에 "그렇다"고 답했다. "다스와 자금 관련성은 전혀 없나"라는 물음에는 "전혀 없다"고 했다. 6억 원을 현금으로 준 이유를 묻자 "안에서 다 이야기했으니 기다려달라"며 대기 중인 차에 올라탔다. 아들에 이어 큰형까지, 현직 대통령 일가의 잇단 소환이었다. 유례없는 일이다.

이상은도 이시형처럼 검찰 조사 때는 서면답변서만 냈다. 6억 원에 대해서도 설명했다. 본인 정도 규모로 사업하는 사람이면 그 정도 현금은 집에 있으며 현금 사용을 선호한다고 진술했다.

현금을 선호하는 건 이명박 형제들의 공통점이다. 이명박 전 대통령의 둘째 형이자 상왕(上王)으로 불리며 이명박정부의 최고 실세로 군림했던 이상득 전 국회부의장도 현금을 선호했다. 2012년 검찰은 당시 이상득 의원 보좌관 박모 씨에 대한 수사를 벌이다 임모 씨 등 의원실 여성 비서 두 명의 계좌에 2년 새 8억 원의 정체불명의 돈이 입금된 사실을 확인했다. 이상득 의원은 검찰에 소명서를 내고 "비서 계좌에서 발견된 돈은 개인 자금의 일부"라고 설명한 것으로 알려졌다.※ 이명박 전 대통령도 대단한 현금 동원력을 보여줬다. 김경준과 손 잡았던 LKe뱅크 자본금을 대기 위해 몇 달 만에 30억 원 가까운 현금을 동원한 적 있다.

이상은은 6억 원을 모아둔 이유에 대해서도 자세히 설명한다. 원래 용도는 조카의 땅값이 아니라 동생 이상득의 선거자금이라고 설명했다. 이명박의 둘째 형이자 6선이었던 이상득 당시 국회의원은 '정권 실세'라는 꼬리표가 내내 따라다니면서 당내 쇄신파로부터 거센 총선 불출마 압박을 받아왔다. 이상득 의원은 2011년 11월, 19대 총선 불출마를 선언한다. 이상은이 이시형에게 6억 원

※ 「이상득 "여직원 계좌 8억원은 내돈"」, 《동아일보》, 2012년 2월 2일.

을 빌려줬다는 건 이보다 앞선 그해 5월이다. 동생 선거자금으로 빌려주려고 현금을 넉넉하게 모아뒀지만 조카가 빌려달라고 하자 마음을 바꿔 선뜻 빌려줬다는 거다.

서면답변서를 보고 검찰은 고개를 끄덕였다. 토 달지 않았다. 자금 추적도 하지 않았다. 다른 자금에 대해서도 한 번도 추적하지 않았다.

하지만 특검 수사가 시작되자 묻는 게 많아졌다. 돈의 출처도 설명해야 했다. 이상은은 6억 원에 대해 "펀드 수익금을 보관해둔 것"이라고 주장했다. 펀드 수익금 인출 내역도 함께 제출했다. 펀드에 넣은 돈은 서울 도곡동 땅을 팔아서 마련한 돈이라고 설명했다. 그 돈을 종잣돈 삼아 펀드에 투자했고, 그 수익금을 매달 얼마씩 현금으로 인출해 수억 원을 집에 보관하다 조카 이시형에게 빌려줬다는 것이다.

도곡동 땅은 2007년 대선 정국을 뜨겁게 달궜던 땅이다. 당시 이명박 대통령 후보가 실소유주라는 논란이 거세게 일었던 땅이다. 도곡동 땅 의혹이 내곡동 땅 의혹의 뿌리가 된 격이다.

대박 낳은 부동산 투자

서울 강남구 도곡동 땅에는 현재 아파트가 들어섰다. 학군도 우수하고, 대중교통도 편리하다. 세대 수는 적다. 한 개 동에 64세대뿐이다. 전용면적이 196.27제곱미터(59평형), 200.9제곱미터(60평형), 209.03제곱미터(63평형)로 모두 대형 면적이다. 방이 네다섯 개이고, 욕실은 세 개씩이다. 2017년 12월에 전용면적 200.9제곱미터 아파트가 22억 원에 거래됐다. 1999년 분양 당시도 인기가 좋았다. 웃돈이 최고 5000만 원까지 붙었다.* 포스코건설이 이 땅에 아파트를 짓기 전 원래 땅 주인은 이명박의 큰형 이상은과 이명박의 처남인 김재정이었다. 두 사람이 절반씩 부담해 사들인 땅이다.

이상은과 김재정은 사돈지간이다. 사돈지간이라면 마냥 편한 사이는 아니다. 나이 차도 많다. 이상은은 1933년생, 김재정은 1949년생이다. 하지만 두 사람은 그 누구보다 가까웠다. 나이와 사돈지간의 벽을 뛰어넘은 사업 동반자다. 함께 땅도 사고, 자동차 부품업체 다스도 세우고, 이명박과 김경준이 투자한 EBK증권중개에 거금을 투자하기도 했다. 상대방에게 돈이 필요하다면 선뜻 자본금을 대주기도 했다. 아파트 매매 계약금 3억 원도 대신 내주기도 한다. 그러다 나란히 특검 조사를 받았다. BBK 특검이다.

특검 조사를 받으면서 두 사람이 설명한 도곡동 땅 투자 경위는

※ 「서울 10차 동시 분양 아파트 프리미엄… 도곡동 포스코트 최고 5000만 원」,《매일경제》, 1999년 11월 12일.

이렇다. 두 사람은 이명박이 회장까지 지낸 현대건설을 매개로 인연을 맺게 된다. 김재정은 30대의 젊은 나이로 현대건설을 퇴사하고 아버지의 토목공사업체를 물려받았다. 이후 공사를 따내려고 현대건설을 들락날락거렸다. 이상은도 사업차 현대건설을 오가다 서로 사석에서도 만나게 된다. 두 사람은 "자주 술자리를 가졌고, '형님' '동생'으로 부를 정도로 각별한 사이로 발전했다"는 것이다.

김재정은 평소 눈여겨보고 있던 도곡동 땅을 이상은에게 보여주며 투자를 제의한다. 김재정은 빌라를 건축해 분양하자고 제안했고, 이상은은 사업성이 있다고 판단해 김재정에게 돈과 함께 계약 체결까지 전적으로 맡겼다는 게 두 사람의 설명이다. 김재정은 땅을 사들이기 시작한다. 4천여 제곱미터에 이르는 넓은 땅이다. 일부는 현대건설로부터 사들였다. 168-3, 169-3, 169-4 세 필지 500제곱미터쯤 되는 땅이다. 당시 현대건설 사장은 이명박이었다.

도곡동 땅을 사는 데 15억 6천만 원이 들었다. 이상은, 김재정이 각각 7억 8천만 원씩, 똑같이 절반을 부담했다. 매입 10년 뒤인 1995년, 이상은과 김재정은 도곡동 땅을 포스코개발(현 포스코건설)에 263억 원을 받고 다시 팔았다. 10년 만에 250억 원 가까운 시세차익을 올린 성공적인 부동산 투자였다. 정확히 10년 만에 247억 4천만 원을 벌었다. 투자한 돈의 15배가 넘는 수익률을 올렸다. 세금 빼고 나니 각각 100억 원씩 손에 쥐었다.

김재정은 토목공사업체를 물려받아 이른바 실탄이 넉넉했다고 하지만, 이상은의 재테크는 사실상 도박이었다. 특검 진술대로라면 있는 돈 없는 돈 다 끌어모아 투자한 땅이었다. 골재 채취하던 회사를 판 매각 대금에다 목장을 운영하면서 젖소도 팔고 우유도 팔아 마련한 돈을 보태 목돈을 만들었다. 일본산 두부를 중동에서 일하는 한국노동자들에게 수출할 수 있도록 중개하고, 캘리포니아산 수입쌀을 코오롱건설과 현대건설에 납품하는 것을 도와주고 챙긴 중개료도 보탰다. 코오롱과 현대는 이상득, 이명박 두 동생이 사장과 회장 등을 지낸 회사다. 이마저도 모자라 동생인 당시 이상득 코오롱건설 사장에게서 5천만 원을 지원받았다. 이렇게 마련한 15억 6천만 원이었다. 이 돈이 10년 만에 100억 원으로 돌아왔다.

엇갈린 결론

의혹의 핵심은 이명박이 큰형과 처남의 이름으로 도곡동 땅을 차명 소유했다는 것이다. 2007년 대통령 선거가 다가오면서 의심은 더 커졌다. 지독한 경선이란 말이 나올 정도로 거칠었던 이명박, 박근혜 두 한나라당 후보의 사생결단식 검증 공방이 의혹을 키웠다. 고소와 고발이 오갔고 검찰이 공방 한가운데로 휩쓸려 들어갔다.

　검찰은 2007년 8월 김재정이 갖고 있던 도곡동 땅의 지분은 김재정 것이 맞다면서도 "이상은 지분은 제3자의 차명 재산으로 보인다"는 중간 수사 결과를 발표했다. 경쟁자들은 '제3자'를 이명박 후보로 해석했다. 이명박은 "세상에 내 땅이라고 시비하는 것은 봤어도 내 땅이 아니라고 하는데 시비 붙는 것은 처음 봤다"며 "남의 이름으로 된 땅 한 평이라도 있으면 모든 것을 책임지겠다"고 거듭 의혹을 부인했다. 친이명박계 정치인들은 검찰로 몰려가 항의성 시위를 이어갔다. 검찰은 이상은 지분은 제3자의 것으로 보이지만 제3자가 누구인지는 정확히 알 수 없다고 말끝을 흐렸다. 검찰은 그해 12월 수사 결과를 발표하면서 이명박이 도곡동 땅의 실제 소유주라는 증거가 없다며 무혐의 처분했다. 어정쩡한 결론이었다. 하지만 특검은 달랐다. 이명박은 이미 대통령 당선인 신분이었다. 대선 이후인 2008년 초 실시된 BBK 특검은 "이상은 지분은 이상은 것이 맞다"고 못 박았다.

　최고의 '칼잡이'라는 서울중앙지검 특수1부가 주축이 된 검찰과 도합 90명에 이르는 대규모 진용을 갖춘 BBK특검, 두 최정예 수사기관이 날선 칼을 댔지만 도곡동 땅 실소유주 의혹에 대해선 이렇게 엇갈린 결론을 냈다. 이상은 지분에 대해 검찰은 제3자의 것으로 보인다고 밝힌 반면, 특검은 이상은 지분이 맞다고 판단했다. 최고의 수사기관들마저 엇갈린 결론을 낸 건 그럴 만한 이유가 있다.

도곡동 땅은 이상은과 김재정이 1985년 사들였다가 1995년 팔았다. 2007년 수사 당시 기준으로도 20년 넘게 지난 옛날 일이다. 은행 입출금 내역 등 객관적인 증빙 자료가 폐기돼 남아 있지 않았다. 땅 소유자는 땅값을 낸 사람인데, 이 돈을 추적하지 못하면 땅 주인을 확인하기란 불가능하다. 땅 판 돈을 누가 썼는지도 애매했다. 이상은이 대부분 현금으로 썼다고 주장했기 때문이다. 꼬리가 없는 현금을 쫓는 건 어렵다. 남은 방법은 주변 정황을 조사해 진짜 주인인지 아닌지 '판단'하는 수밖에 없다. 이상은 소유가 맞는 것 같기도 하면서 제3자의 소유인 것 같은, 이런 어정쩡한 결론이 나온 건 바로 이런 이유에서다.

물론 의지의 문제일 수도 있다. 전두환 전 대통령에 대한 수사처럼 기를 쓰고 했다면 다른 결과가 나왔을지도 모를 일이다. 전두환의 미납 추징금 환수에 나섰던 검찰은 금융기관에 전두환 일가와 측근들의 15년치 금융 거래 내역을 요구했다.※ 219곳의 국내 주요 금융기관에 요구했다. 은행과 보험사, 증권사, 캐피탈업체, 금융감독원과 증권거래소, 예탁결제원까지 국내 주요 금융기관이 모두 망라돼 있었다. 15년치 입출금과 주식거래 내역, 보험 계약 현황이 담긴 자료를 죄다 넘겨달라며 영장을 첨부한 금융거래정

※ 「검찰, 219개 금융기관 전두환 일가 계좌 추적 '15년치 샅샅이'」, 《MBC 뉴스데스크》, 2013년 7월 31일.

보 요구서를 219개 금융기관에 보낸 것이다. 여의도 금융가를 다 뒤져서라도 전두환 비자금의 행방을 반드시 찾겠다는 의지를 드러냈다. 물론 성과도 있었다.

도곡동 땅 수사는 그렇지 않았다. 이상은은 조카에게 빌려준 6억 원의 출처를 해명한다면서 이런 어정쩡한 결론이 났던 도곡동 땅을 다시 꺼냈다. 검찰과 특검이 한 번씩 손을 대고 지나갔지만, 누구 땅인지 일치된 결론을 못 냈던 수수께끼 같은 땅이다. 그 땅을 다시 이상은이 꺼내든 것이다. 30일이란 한정된 수사 기간을 받은 내곡동 특검으로선 수수께끼 풀이는 엄두도 못 냈다. 6억 원이 도곡동 땅 매각 대금이 맞느냐는 질문에 특검은 수사 결과 발표 자리에서 "그 부분을 확인하지 않았고, 확인할 시간조차도 없었다"고 밝혔다. 내곡동 특검은 이래저래 6억 원의 정체를 규명하는 데 실패했다. 결국 수수께끼를 낸 사람이 이겼다.

진술대로라면 이명박이 진짜 주인이라는 의혹이 일었던 도곡동 땅 판 돈이 아들 이시형이 사들인 내곡동 땅값으로 흘러갔다. 도곡동을 돌아 내곡동으로 돈이 흘러가면서 무성한 의혹을 남겼다. 그러나 내곡동 특검은 시간에 쫓겨 도곡동 땅값을 제대로 추적해 보지도 못했다. 2007년 검찰과 2008년 BBK 특검에 이어 2012년 내곡동 특검에 다시 등장한 도곡동 땅은 스포트라이트도 제대로 받지 못한 채 이렇게 사라졌다.

도곡동 땅값의 수수께끼를 풀지 못했으니 내곡동 땅값도 마찬가지다. 내곡동 특검은 차선책을 동원했다. 이시형이 내곡동 땅값을 빌리러 큰아버지 아파트에 간 적이 없다면, 그 돈은 처음부터 청와대 관저에 있었던 셈이 된다. 내곡동 특검은 이시형의 행적을 추적해 의혹을 밝혀보려고 했지만, 네 시간의 공백을 채우는 데에도 실패했다. 붙박이장 속 6억 원의 정체는 물음표로 남았다.

"영식이를 도와줘"

이시형은 특검에서 이상은에게 빌린 6억 원을 김세욱 청와대 선임행정관에게 맡겼다고 진술했다. 이후 김세욱과 따로 통화한 적도 없다고 했다. 김세욱이 계약금 송금하고, 은행 이자 내고, 취등록세 같은 세금 내고 돈을 도맡아 처리했다는 것이다. 김세욱은 특검 수사 당시 구속된 상태였다. 저축은행으로부터 퇴출을 막아달라는 청탁과 함께 금괴 두 개를 받은 혐의를 받고 있었다. 김세욱에 대한 특검의 옥중 조사가 진행됐다.

김세욱은 특검 조사에서 "땅값과 은행 이자, 세금 처리를 모두 김백준 당시 청와대 총무기획관이 지시했다"고 진술했다. 이시형에게서 6억 원이 든 돈가방을 보관해달라는 부탁을 받자 이를 김백준 총무기획관에게 보고했고, 이후 모든 지시가 김백준에게서 내려왔다는 것이다. 보고가 끝나자 김백준이 "이시형 도와줘라, 영식이 도와줘라, 심부름 좀 해줘라"고 지시한 것으로 김세욱은 기억했다.

이시형이 이상은에게 빌렸다는 돈은 은밀하게 처리됐다. 은행 기록을 보면 내곡동 땅 계약금이 송금된 건 5월 26일이었다. 김세욱 행정관은 그날 1억 원을 들고 농협 청와대지점을 찾았다. 김세욱이 청와대지점장에게 "아무도 모르게 처리해야 한다"며 송금을 부탁하자 청와대지점장은 김세욱과 함께 농협 종로지점으로 이동한다. 조카가 큰아버지에게 빌렸다면 출처도 분명한 돈인데, 현금 1억 원은 숨겨야 할 이유가 있는 것처럼 은밀하게 처리됐다.

계약금 1억 원은 농협 종로지점에서 내곡동 땅주인 계좌로 무통장 송금된다. '이시형' 명의였다. 김세욱은 위임장을 제출하지도 않았고 대리인 서명도 하지 않았다.

담보 대출도 농협의 배려 속에 일사천리로 진행된다. 농협 청와대지점은 김윤옥 여사의 땅을 담보로 잡고 이시형에게 6억 원을 대출해주면서 지점장이 직접 경주 다스 본사를 찾는다. 지점장이 KTX를 타고 경주로 가서 대출 서류에 이시형의 서명을 받아왔다. VIP도 이런 VIP가 없다. 수백억, 수십억 원을 대출받는다면 모를까 6억 원 담보 대출받는데 지점장을 오라 가라 하는 건 평범한 회사원에겐 언감생심이다. 이시형은 리틀 VIP였다.

관저 붙박이장에 넣어둔 6억 원을 이런 식으로 썼다는 게 김세욱 당시 행정관의 주장이다. "관저에 있는 1억 원을 송금하라"고 김백준 당시 총무기획관이 지시하면 김세욱이 관저에서 1억 원을 꺼내 은행을 찾아가 송금했다는 것이다. 김세욱은 이렇게 6억 원 가운데 1억 원은 내곡동 땅 계약금, 4억 6천만 원은 잔금, 나머지 4천만 원은 김윤옥 여사 땅 담보로 농협에서 빌린 대출금 이자와 부동산 복비로 썼다고 진술했다. 김세욱은 또 매달 내는 대출금 이자는 처음 두세 달은 자신이 내다가 나중에는 부속실에 돈가방을 넘겼기 때문에 이후에는 이자를 어떻게 냈는지 모른다고 설명했다. 자신은 심부름꾼일 뿐이지, 자신의 상관인 김백준이 모두 기획했다는 것이다.

여기서 또 MB의 '영원한 집사'이자 '금고지기' 김백준이 등장한다. 내곡동 특검 수사에서도 김백준은 세간의 평가대로 이명박 일가의 금고지기 역할을 한 것으로 드러난다. 이시형에게 두 갈래로 돈이 흘러들어가는 과정에서 수문장 역할을 한 것으로 보인다.

먼저 김백준 당시 총무기획관은 김세욱에게 이시형이 이상은에게서 빌린 6억 원을 어떻게 처리할지 조목조목 지시했다. 또 이시형의 전세금을 마련하는 데 동원된 청와대 재정팀원들의 직속 상관이 바로 김백준이기도 했다.

김백준은 특검 수사 동안 한 차례 소환 조사를 받았다. 그리고 부동산실명제법 위반 등 모든 혐의에 대해 '혐의 없음' 처분을 받았다. 다만 이시형의 안가에 들어간 의문의 뭉칫돈이 청와대 재정팀원들에 의해 수표로 바뀔 때 김백준이 어떠한 역할을 했는지 특검의 조사가 이뤄지진 않았다. 특검 수사 막바지에 드러난 안가의 자금원을 추적하기 위해 특검이 수사 기간 연장을 요청하자 당시 이명박 대통령이 이를 받아들이지 않았기 때문이다. 그리고 수사는 거기서 멈췄다. 김백준이 이시형을 위해 어떤 역할을 했는지 전모가 드러나지 않은 것이다.

이뿐만이 아니다. 김백준이 관여한 수상한 돈이 또 있다. 바로 국정원이 박근혜정부에 상납했다고 해서 이래저래 말이 많은 눈먼 돈, 특수활동비다. 올해 1월 김백준 본인도 이명박정부 시절 국정원에서 특수활동비 4억 원을 상납 받는 데 관여한 혐의로 검찰에 구속됐다.

그런데 비단 국정원 특수활동비뿐만이 아니다. 이명박정부 시절 청와대 경호처 특수활동비도 허투루 쓰인 정황이 있다.

청와대 경호처 금고

특수활동비를 보관해둔 청와대 경호처 금고에서 이시형의 복비 1100만 원이 나왔다. 이 과정에 김백준도 관여한 것으로 확인됐다. 사저 매입 실무를 맡았던 김태환 당시 청와대 행정관이 털어놓은 자초지종은 이렇다. 검찰 조사 때 말하지 않은 부분이라고 했다. 김인종 당시 경호처장에게 이시형의 복비를 내야 한다고 하자 경호처에서 가져가서 내라고 했다는 것이다. 김태환은 김인종 처장의 지시대로 잔금을 마저 치르면서 경호처 돈으로 이시형의 복비 1100만 원을 냈다고 털어났다. 그때가 2011년 6월 20일이었다. 김태환은 복비를 내고 영수증을 받은 뒤 경호처 경리부장에게 건넸다고 진술했다. 경호처가 이시형 몫의 복비까지 대신 낸 것이다.

땅을 통으로 사들였지만 땅값을 이시형 몫 따로, 경호처 몫 따로 냈던 것처럼, 복비도 마찬가지다. 이시형 몫 따로 경호처 몫 따로 내야 했다. 하지만 경호처가 다 냈다. 결국 나랏돈 1100만 원이 이시형 복비로 들어간 것이다. 정확하게 말하자면 특수활동비 금고에서 나온 1100만원이 이시형 복비로 건네진 것이다. 그리고 네 달가량이 흘렀다.

2011년 10월 무렵부터 언론에서 내곡동 사저 부지 관련 의혹이 쏟아지기 시작했다. 김태환은 김인종 처장을 찾는다. 김태환이 복비가 문제될 것 같다고 보고하자 김인종은 김백준 당시 총무기획관과 상의해보겠다고 답한다. 이후 김태환은 경호처에서 보관하고 있던 복비 영수증을 김백준 기획관에게 제시했고, 며칠 뒤 기획관실 측으로부터 1100만 원을 받아 경호처 경리부에 건넸다고 특검에 진술했다. 경호처 돈으로 이시형의 복비를 먼저 낸 뒤 언론에서 의혹들이 불거지자 네 달 뒤 김백준 총무기획관을 통해 경호처 돈을 채워 넣었다는 것이다.

공금은 빼내는 순간 횡령죄가 적용된다. 다시 채운다고 하더라도 횡령죄를 피할 길이 없다. 특검은 복비 대납 과정에서 경호처 공금을 횡령한 혐의로 유모 당시 경호처 경리부장을 소환해 조사했다. 김태환의 진술대로라면 유씨는 형사처벌을 피할 수 없었다.

유씨는 특검 조사에서 복비로 지급한 1100만 원은 경호처 돈이 아니라 따져보면 사실 자신의 돈이라고 진술한다. 경호처 금고에서 꺼낸 특수활동비로 이시형의 복비를 내긴 했지만, 금고에 자신의 돈 1100만 원을 채워 넣은 다음에 특수활동비 1100만 원을 꺼냈다는 것이다. 자기 돈을 특수활동비 금고에 넣고, 금고에서 특수활동비를 꺼내 그 돈을 복비로 냈으니, 결국 자기 돈이 복비로 쓰였다는 논리다.

경호처 금고에 채워 넣은 돈의 출처에 대해선 청와대 사무실 서랍 속에 있던 자기 돈의 일부라고 진술한다. 자신이 얼마씩 모아뒀던 돈이 500만 원이고, 여기에다 장인어른이 용돈으로 준 1천만 원까지 도합 1500만 원이 청와대 자신의 서랍 속에 있었는데, 이 가운데 1100만 원을 꺼내 이시형 복비로 썼다는 것이다. 비상금조로 1500만 원을 회사 서랍 속에 보관해뒀다는 말이다.

특검은 유 부장의 진술을 신뢰하기 힘들었다. 1천만 원이 넘는 돈을 평소 서랍 속에 보관해둔다는 것은 이상하다. 개인 돈을 선뜻 대통령 아들 복비로 냈다는 것도 그렇다. 번거롭게 특수활동비 금고에 자신의 돈을 넣은 뒤 금고에서 특수활동비를 꺼내 복비로 낸 것도 이상하다. 수상쩍은 점이 한둘이 아니었다.

고인이 된 장인

유 부장은 장인이 줬다는 용돈 1천만 원에 대해 검정 비닐봉지에 둘둘 말아 받았다고 구체적으로 언급하며 진술의 신뢰성을 강조했다. 장인이 용돈을 준 상황을 똑똑히 기억할 정도로 1500만 원을 서랍 속에 넣어둔 것도 사실이고, 그 돈은 자기 돈이 분명하다는 것이다.

자신의 돈을 금고에 있는 특수활동비로 바꾼 이유에 대해서는 "빳빳한 새 돈이 낫겠다 싶었다"고 진술했다. 장인에게서 받았다는 1천만 원은 비닐봉지에 둘둘 말아 받았던 만큼 구겨지고 낡아서, 이왕이면 새 돈으로 복비를 주는 게 좋겠다고 판단했다는 것이다. 유 부장은 특수활동비 금고에는 평소에도 몇억 원씩 빳빳한 새 돈이 들어가 있다고 설명했다. 경호 현장에 나갈 때 경찰청이나 다른 기관에서 파견 나온 공무원들에게 수고비 명목으로 주기 위해서 현금을 준비해두기 때문에 금고는 항상 넉넉하다는 것이다. 개인 돈으로 복비를 내고선 네 달 동안 경호처장이나 상관에게 돌려달라고 하지 않았던 데 대해서는 "처장이 언젠간 줄 것이라고 믿고 있었다"고 진술했다.

'장인이 준 돈'은 내곡동 특검 수사 얼마 전 다른 사건 검찰 수사에서도 나온 진술이었다. 검찰이 "사즉생(死卽生)의 각오로 수사하겠다"면서 재수사에 들어갔던 이명박정부의 민간인 불법 사찰 및 증거인멸 사건이었다.

2012년 4월, 장진수 전 국무총리실 공직윤리지원관실 주무관이 자신이 받았다는 '관봉(官封) 5천만 원' 사진을 언론에 공개하면서 청와대 연루 의혹은 더 커졌다. 정부가 발행한 뒤 도장을 찍어 봉한 돈이 관봉이다. 장진수는 "류충렬 총리실 공직복무관리관이 장석명 청와대 민정수석실 공직기강비서관이 마련한 것이라며 돈을 건넸다"고 폭로했다. 증거인멸 혐의로 재판을 받던 자신을 달래기 위한 '입막음'용이었다는 것이다. 돈의 출처가 청와대로 밝혀진다면 청와대의 불법 사찰 및 증거 인멸 개입은 의혹이 아니라 사실로 확연해진다. 불법 사찰과 증거 인멸의 윗선과 몸통을 한꺼번에 밝힐 수 있는 핵심적인 증거였다.

그러나 5천만 원의 출처로 지목된 장석명은 "사실무근"이라고 부인했다. "장석명 청와대 비서관이 마련한 것"이라며 돈을 건네면서 장진수를 위로했다는 류충렬도 검찰의 재수사가 시작되자 여러 차례 말을 바꾼다. 처음에는 그런 말을 한 적이 없다고 부인하면서 "직원들이 안타까운 마음에 십시일반으로 모은 돈"이라고 해명했다. 그랬다가 "지인에게 부탁해 마련한 돈"이라고 말을 바꿨다. 그리고 또 말을 바꾼다. 그해 4월 검찰에 나와서는 "지난 1월 돌아가신 장인에게서 빌린 돈을 사정이 딱한 장진수에게 개인적으로 줬다"고 진술했다.

검찰은 류충렬의 '입'만 바라보다 결국 관봉 5천만 원의 출처를 규명하지 못했다. "돌아가신 장인에게서 빌린 돈"이라는 진술에 가로막혔다. 검찰은 청와대 민정수석실의 불법 사찰 및 증거 인멸 개입 여부에 대해서 "개입했다고 인정하기 어렵다"고 최종 결론을 내렸다.

"말만 쫓아가나? 진술도 여러 차례 번복되는데……." 내곡동 특검은 수사에 자신감을 드러냈다. 하지만 복비 1100만 원의 출처 규명은 또 '숨진 장인'에 가로막혔다. 유 부장은 장인이 이미 고인이 됐다고 밝혔다. 민간인 불법 사찰 사건 수사에서 '숨진 장인'이 나온 뒤 얼마 지나지 않았을 때였다. 유 부장도 '숨진 장인'을 언급했다. 고인을 상대로 추궁할 수 없는 노릇이다.

특검은 청와대 경호처의 회계장부를 확보해 특수활동비 1100만 원의 출납을 확인하려고 했다. 그러나 청와대는 압수수색을 거부했고 회계장부도 제출하지 않았다. 특수활동비 횡령 의혹 수사는 더 이상 진전되지 못했다.

청와대의 반격

특검은 청와대의 벽을 넘지 못했다. 압수수색이 가로막혔다. 수사 기간 연장은 거부됐다. 청와대의 반격이 시작됐다.

2012년 11월 12일, 특검팀은 수사 기한을 이틀 앞두고 청와대 경호처에 대한 압수수색을 시도했다. 경호처에 대한 압수수색 영장을 발부받았다. 청와대와 사전 협의를 거쳐 '제3의 장소'에서 경호처 자료를 넘겨받기로 했다. 장소는 청와대 근처 금융감독원 연수원으로 정해졌다. 경찰들이 건물 입구에 배치됐다.

청와대가 내놓은 자료에는 핵심이 모두 빠져 있었다. 특수활동비 횡령 의혹을 밝힐 수 있는 경호처 회계장부 등 알맹이들은 죄다 없었다. 이시형이 청와대 관저 대통령 방에 있는 컴퓨터에서 작성했다는 차용증 원본 파일도 없었다. 특검팀은 곧 "압수수색 영장을 강제 집행하겠다"고 청와대 측에 통보했다. 청와대는 거부했다. 형사소송법 제110조 1항 등을 이유로 들었다. 이 규정은 "군사상 비밀을 요하는 장소는 그 책임자의 승낙 없이는 압수 또는 수색할 수 없다"고 못 박고 있다. 2항은 "국가의 중대한 이익을 해하는 경우를 제외하고는 승낙을 거부하지 못한다"고 규정하고 있다. 청와대의 거부 논리라면 특검의 압수수색은 국가의 중대한 이익을 해하는 경우가 된다.

청와대가 문을 열어주지 않는 이상 손쓸 도리가 없었다. 박근혜·최순실 게이트를 수사했던 박영수 특검도 똑같은 논리를 들이민 청와대에 가로막혀 압수수색을 하지 못했다. 이명박·박근혜 청와대의 압수수색 불가 논리는 똑같았다. 내곡동 특검팀은 결국 빈손으로 발길을 돌렸다. 압수수색은 1시간 30분 만에 불발됐다.

대통령실의 충정

특검 수사가 끝나고 한참 뒤 청와대가 내놓은 자료의 정체를 전해 들었다. USB 하나였다. 얘기를 전한 특검 측 인사는 "달랑 하나였다"고 말했다. USB 한 개를 탁자 위에 올려놓았다는 것이다. 청와대의 반격은 여기서 그치지 않았다.

청와대는 이날 오후 특검의 수사 기간 연장 요청도 거부한다. 청와대의 거부로 특검의 활동 기간은 단 이틀만 남게 됐다. 청와대가 연장 요청을 받아들인다면 보름 더 수사할 수 있는 시간을 벌게 되지만, 청와대가 거부하면서 내곡동 특검은 역사상 가장 짧은 특검으로 마무리됐다.

결정권자는 이명박 대통령이다. 의혹의 중심에 선 당사자가 칼자루를 쥔 이상한 모양새였다. 최금락 당시 청와대 홍보수석은 춘추관에 기자들을 불러놓고 「특검 수사 연장 요청 관련 발표문」을 읽었다. 수사가 충분히 이뤄졌고, 수사에 최대한 성실하게 협조했으며, 수사가 길어지면 나라 운영에 차질을 빚는다는 게 골자다. 수사를 받는 의혹의 당사자가 '이 정도 수사했으면 됐다'고 판단한 셈이다. 전문을 싣는다.

이명박 대통령은 관계 장관과 수석비서관들의 의견을 들어 특검의 수사 기간 연장 요청을 받아들이지 않기로 결정했습니다. 그 이유는 다음과 같습니다.

첫째, 이번 사건의 결론을 내리기에 필요한 수사가 충분히 이루어졌다고 판단되기 때문입니다.

이번 사건은 대통령 사저의 특수성을 고려하여 사저 부지와 경호 부지를 동시에 구입하는 과정에서 두 부지 간의 가격을 배분하면서 형법상 배임 행위가 있었는지, 또 이시형 씨가 소유권 등기를 한 것이 부동산실명제법 위반이 되는지를 법률적으로 판단하면 되는 사안입니다. 더구나 근래 사저 부지가 국가에 매각되어 사실상 원상 회복이 이루어졌습니다. 그럼에도 불구하고 특검은 지난달 16일부터 한 달 가까운 기간 동안 70여 명의 수사 인원을 투입하고 십수억 원 상당의 예산을 사용하면서 대대적인 수사를 벌여왔습니다. 이 대통령의 아들 시형 씨를 공개 소환한 것을 비롯하여 형님인 이상은 회장, 김인종 전 경호처장 등 20여 명의 사건 관계자들에 대해 약 40회에 걸쳐 소환 조사했습니다. 모두 51개 항목 206페이지에 달하는 경호처 기밀자료를 비롯해 많은 자료도 제출받았습니다. 청와대 경호처에 대해 사상 유례 없는 압수수색을 벌이는 등 거의 성역 없는 광범위한 압수수색도 실시했습니다.

둘째, 청와대는 특검 수사에 최대한 성실하게 협조했습니다.

청와대는 대통령실의 특수성이나 국정업무 차질에도 불구하고 특검의 요구에 최대한 성실하게 임했고, 부득이 응할 수 없었던 경우에는 이유를 충분하게 설명했습니다. 특히, 특검이 지난 9일 수사 기간 연장을 요청하면서 이유로 든 청와대 압수수색이 오늘 이루어지는 등 특검이 수사 기간 연장을 신청하면서 제시한 사유들이 청와대의 적극적인 협조로 대체로 해소되었습니다.

셋째, 수사가 더 길어질 경우 임기 말 국정운영에 차질이 우려되고 특히 엄정한 대선 관리에 악영향이 불가피합니다.

청와대는 수사 기간 동안 경제 위기 상황에 대한 대처, 해외 순방 준비와 시행, 예산국회 대비 등 산적한 현안에도 불구하고 특검의 수사 요구에 성실하게 임해왔습니다. 그러나 수사 기간이 더 연장될 경우, 국정 운영 차질이 현실화될 가능성이 높습니다. 이미 알려진 대로 수사 기간 동안 법으로 엄격하게 유출이 금지된 수사 내용이 언론에 상세하게 공개되고 과장된 내용이 해외언론에까지 보도되면서 국가 신인도에 악영향을 주는 등 국격에도 큰 손상이 빚어졌습니다. 정부로서는 국익을 위해서도 이런 일이 계속되도록 방치할 수는 없습니다. 또 수사 기간이 연장되면 수사결과 발표가 대통령 선거 기간 중에 이뤄지게 되어 발표 내용을 둘러싸고 정치적 논란이 빚어질 가능성이 크고 따라서 엄정한 선거관리와 국민들의 선택에도 악영향을 줄 수밖에 없습니다.

이번 특검은 특검법안이 도입될 때부터 전례 없이 특정 정당에 의해 특검이 추천되고, 대선을 목전에 둔 시점에 수사가 이루어져 정치특검이 될 가능성이 높다는 이유로 재의 요구해야 한다는 전문가들 의견이 많았습니다. 그럼에도 불구하고 이명박 대통령은 특검법안을 대승적으로 받아들였습니다. 청와대는 이미 말씀드린 대로 특검이 이미 특검법이 정한 수사범위 내에서 법적 결론을 내리기에 충분한 수사가 이루어진 것으로 판단하고 있습니다. 특검 스스로도 정해진 1차 수사 기간 내에 수사를 완료하겠다고 수사 초기부터 여러 차례 공표한 바 있습니다. 따라서 특검은 파악된 사실을 토대로 법과 원칙에 따라 하루빨리 합리적인 결론을 내려주시길 부탁드립니다.

국민 여러분께서도 대통령실의 충정을 깊이 헤아려주시기를 부탁드립니다.

특검은 청와대에 보낸 연장 요청서에 "자금 추적이 필요하다"는 사유를 들었다. 김윤옥 여사의 최측근으로 이시형에게 용돈과 생활비 등을 보낸 설모 씨의 자금 흐름과 이시형의 안가 전세금 추적이 필요하다고 명시했다. 이명박과 아들 이시형 주변의 수상한 돈의 정체를 규명하겠다는 것이다.

그렇게 되면 '금고지기'인 김백준 당시 총무기획관까지 특검 수사가 치닫는 건 시간 문제였다. 수사가 금고지기를 넘어서면 그다음 목적지는 불을 보듯 뻔한 일이다. 발표문을 통해 청와대는 "형법상 배임 행위가 있었는지, 또 이시형 씨가 소유권 등기를 한 것이 부동산실명제법 위반이 되는지를 법률적으로 판단하면 되는 사안"이라고 밝혔다. 더 이상 파고들지 말라고 선을 그은 것이다.

낌새는 있었다. 이시형은 수사 막바지 비공개로 한 차례 더 조사를 받는다. 일요일, 제3의 장소에서 출장 조사가 이뤄졌다. 2차 조사는 특검팀이 안가의 자금 추적에 착수한 뒤 이뤄졌다. 이시형의 전세금으로 흘러들어간 수표를 마련했던 청와대 재정팀의 존재가 드러난 직후였다. "말을 잘하던 이시형이 갑자기 진술을 거부했다"고 특검팀 관계자는 기억했다. 이시형이 7억 4천만 원에 전세 계약한 강남 삼성동 아파트를 물었더니 입을 닫았다는 것이다. 김윤옥에 대한 대면 조사도 무산됐다. 청와대에 방문조사를 타진했지만 거부됐고, 서면답변서를 제출하기로 조율됐다.

특검에 대한 견제는 수사 기간 내내 이어졌다. 이시형 소환 조사 직후 변호를 맡았던 변호인은 특검 사무실을 찾아와 '이시형 재소환 자제' '청와대 직원에 대한 과도한 소환 자제' '수사 내용

누설 자제' 등을 요구했다. 이시형에 대한 소환 조사 통보가 너무 이르다는 불편한 속내를 드러내기도 했다. 출석을 거부한 건 핵심 참고인들도 마찬가지였다. 김윤옥의 최측근인 설씨와 이시형에게 돈을 건넨 이상은의 부인 박모 씨는 특검의 몇 차례 요구에도 출석하지 않았다.

금융정보분석원을 통한 자금 추적도 무산됐다. 금융정보분석원은 특검의 정보 제공 요청에 "특별검사는 금융거래 정보 제공을 요청할 수 있는 주체가 아니"라며 거부했다. '특정 금융거래정보의 보고 및 이용 등에 관한 법률' 제7조 4항은 "검찰총장, 경찰청장, 해양경찰청장, 국세청장, 관세청장, 중앙선거관리위원회, 금융위원회는 특정형사사건의 수사 등을 위하여 필요하다고 인정하는 경우에는 대통령령으로 정하는 바에 따라 금융정보분석원장에게 1항 3호에 규정된 정보의 제공을 요구할 수 있다"라고 규정하고 있다. 여기에 검찰총장, 경찰청장, 해양경찰청장, 국세청장, 관세청장, 중앙선거관리위원회, 금융위원회, 국가정보원장은 있지만, 특별검사는 없다는 것이다.

수상한 돈의 흐름을 매일 기록해두는 금융정보분석원의 도움을 받으면 자금 세탁이나 탈세 같은 검은돈의 흐름을 한눈에 파악할 수 있다. 은행에서 현금을 일이천만 원 다발로 인출하거나 입금하면 그 기록이 금융정보분석원 전산망에 남는다. 이 자료들을 넘겨받으면 수천만 원씩 현금을 수표로 바꾼 청와대 재정팀원들이 실제로 얼마나 많은 돈을 입출금했는지 쉽게 알 수 있다. 파악된 4억 원보다 더 많을 수도 있다. 윗동만 드러난 빙산의 전체를 볼 수도 있다. 하지만 금융정보분석원의 거부에 자금 추적은 가로막혔다.

모르쇠로 일관하기도 했다. 이시형이 검찰에 낸 서면답변서를 대필한 것으로 알려진 청와대 행정관의 신원을 청와대는 "모르겠다"고 버텼다. 수사 막바지가 돼서야 특검의 출장 조사를 받은 이시형의 진술로 신원이 추려졌다. '사인(私人)'인 이시형의 서면답변서를 '공인(公人)'인 청와대 공무원이 대필한 것이 사실이라면, 대통령 일가가 공적 영역과 사적 영역을 구분하지 못한 것이 된다. 하지만 청와대의 수사 연장 거부로 실제 대필 여부 등 의혹 규명은 이뤄지지 못했다. 청와대 행정관이 어떤 이유로 대필했는지, 각색이 있었다면 어떤 부분까지 각색됐는지가 불분명하게 남은 채로 수사는 끝났다. 다만 성과는 있었다. 서면답변서의 대필 여부를 미리 가려내지 못한 검찰 수사가 얼마나 부실했는지 스스로 증명한 것이다.

특검 수사에 앞서 검찰도 장장 8개월간 수사를 벌여 이시형이 감정가보다 수억 원 적게 부담했다는 사실을 밝혀내긴 했다. 하지만 "사저 건립으로 국가가 누리게 될 땅값 상승 이익을 이 대통령 쪽과 나누려고 했다"는 상식적이지 않은 청와대의 해명을 받아들였다. 또한 경호처가 국가에 손해를 끼치려 한 범죄 의도를 인정하기 어렵다며 관련자 전원을 무혐의 처리했다. 나쁜 뜻은 없었다는 것이다. 이시형을 소환 조사하지 않고 11장짜리 서면답변서만 받고 수사를 끝낸 것에 대해서도 '면죄부 수사' '봐주기 수사'를 했다는 비난의 화살이 쏟아졌다. 대필 의혹을 받는 서면답변서를 보고서도 "아귀가 딱 맞다"고 평가했다는 검찰 인사의 발언도 흘러나왔다. 특검 수사를 앞두곤 검찰 수사 책임자였던 최교일 서울중앙지검장이 "형식적으로는 배임으로 볼 소지가 있다"면서도 '대통령 일가에 대한 부담'을 언급해 의혹은 더 커졌다.

부실 수사의 이유는 있었다. 수사 이후 검찰 고위 인사는 "실제 수사 기간은 10일 남짓이었다. 검사 한 명만 사건을 제대로 들여다봤다"고 털어놨다. 겉으론 2011년 10월부터 이듬해 6월까지 장장 8개월 동안 여덟 명의 검사가 수사에 매달린 것처럼 보였다. 외화내빈(外華內貧) 수사였다.

나랏돈을 허투루 쓴 사건을 들여다본 검찰 수사가 부실 수사로 드러나면서 낭비된 나랏돈도 눈덩이처럼 커졌다. 대통령 아들의 사저 부지 헐값 매입으로 국가가 손해를 본 건 배임 액수 9억 7205만 8098원이 전부가 아니다. 의혹의 실체를 규명하지 못한 경호처 특수활동비가 복비로 쓰였다면 여기에다 1100만 원을 더해야 한다. 그리고 검찰이 수사를 잘했다면 안 해도 될 특검 수사 비용도 따져야 한다. 나랏돈 12억 원이 특검 예산으로 더 들어갔다. 또 말썽 많았던 내곡동 사저 부지를 원상 회복시키겠다며 국가가 다시 이 땅을 사들이면서 54억 원을 낭비했다. 청와대는 "사저 부지가 국가에 매각되어 사실상 원상 회복이 이루어졌다"고 강조했다. 그러나 이 땅은 아직도 애물단지다.

살을 내주고 뼈를 끊다

청와대의 견제와 반격 끝에 2011년 11월 13일 청와대 발신 서류가 특검에 도착한다. 수사 결과 발표를 하루 앞둔 날이었다. 김윤옥 여사의 서면답변서였다. "아들의 장래를 생각해 사저 부지를 아들 이시형의 명의로 구입했다"며 땅값도 대신 내줄 뜻이 있었다고 답한다. 아들의 명의만 빌린 게 아니라 실제로 땅을 증여할 뜻이 있었다는 거다. '증여'를 자백한 셈이 됐다. 증여세를 내더라도 부동산실명제법 위반으로 형사적 책임을 지는 건 피하겠다는 뜻으로 읽혔다. 그때까지만 하더라도 이명박 일가의 부동산실명제법 위반은 명확하다는 게 법조계 중론이었다.

이시형도 '증여' 쪽으로 말을 바꿨다. 검찰 수사에서 "아버지가 시키는 대로 했다"던 이시형도 특검 수사에선 "내가 사려고 했다, 내가 실매입자다"라고 말을 바꿨다. 이시형은 당초 검찰에선 "아버지가 재매입할 테니 네 명의로 먼저 취득하라고 해서 그대로 했다"고 말했다. 명의만 빌려줬다던 이시형이 특검 수사에선 자신이 실매입자임을 강조하고 나선 것이다.

부동산실명제법은 명의를 빌려준 수탁자와 빌린 신탁자 모두 처벌한다. 한 법원 인사는 "내곡동 사건에 적용하면 신탁자는 이명박 대통령, 수탁자는 이시형, 이런 방식을 건의한 김인종 경호처장은 교사범, 땅을 담보로 내준 김윤옥 여사는 방조범"이라며 "처벌 대상을 어디까지 확대할지 판단할 일만 남았다"고 말했다.

부동산실명제법 위반으로 드러날 경우 부동산 투기 의혹이 이명박 대통령으로 직접 이어질 수 있다는 건 뻔한 일이다. 반면 이정도 금액의 증여세 탈루면 안 낸 세금만 더 내면 된다. 검찰 고발 없이 과세 처분으로 끝난다. 실제로 그렇게 끝났다. '증여'를 내주고 '부동산실명제 위반'을 피했다. 자신의 살을 베어 내주고 상대의 뼈를 끊는 '육참골단(肉斬骨斷)'식 해법이다.

가장 큰 수혜자는 당시 대통령 이명박이다. 부동산실명제법 위반 등 모든 의혹에서 빠져나왔다. 특검은 내곡동 사저 부지 매입 과정에서 이명박 대통령의 역할을 사실상 공백으로 남겨뒀다.

이명박이 사저 부지 매입에 적극적으로 관여한 정황은 많았다. 김인종 전 경호처장은 《신동아》(2011년 12월호)와의 인터뷰에서 "(이 대통령이 내곡동 사저 부지를) 방문해서 오케이 하니까 산 것이지 그렇지 않으면…… (대통령에게) 다 보고를 드렸다. (검토하고 추진하는 데) 거의 1년이 걸렸다"고 밝히기도 했다. 이명박 전 대통령이 직접 관여한 정황도 있었다. 내곡동 사저 부지에 있던 한 정식집 '수양'의 철거 계약과 세금계산서 발행은 모두 이명박 명의로 한 것으로 드러났다.

　그러나 특검은 이명박 대통령이 구체적인 내용까지는 잘 몰랐던 것으로 수사를 마무리한다. 땅값 산정 경위에 대해서는 "대통령에게는 개괄적인 내용이 보고됐다고 나왔지만, 구체적인 내용이 보고됐다는 진술은 없었"고 증여에 대해서는 "대통령과 상의했다는 증거나 정황은 찾지 못했다"고 밝혔다. 대통령으로 이어지는 구체적이고 직접적인 보고나 상의는 없었다는 얘기다. 퇴임 후 살 곳을 찾으면서도 경호처의 개괄적인 보고만 받았고, 아들에게 증여를 하면서도 부인과 구체적인 상의를 하지는 않았다는 것이다.

　그러나저러나 대통령은 헌법 제84조라는 방탄복을 입는다. 형사상 불소추 특권이다. 내란과 외환의 죄를 짓지 않고서야 재임 중에는 재판정에 서지 않는다. 이제 이명박은 자연인이다. 헌법 제84조 방탄복을 벗었다. 형사상 불소추 특권도 사라졌다. 죄를 지었다면 재판정에 서야 한다. 만인은 법 앞에 평등하다.

세 번째
열 쇠

다스

이시형은 다스의 핵심 자리를 단숨에 꿰찼다. 이시형의 초고속 승진을 바라보는 시선은 곱지 않았다. 이명박의 입김이 작용한 게 아니냐는 의심의 눈초리가 쏠렸다.

"다스는 누구 겁니까"라는 질문은 이명박을 향하고 있다. 이미 수사기관들이 답을 내렸다. 2007년 검찰도, 2008년 BBK 특검도 다스가 이명박의 소유라는 증거는 나오지 않았다고 밝혔다. 그러나 의혹의 불씨는 꺼지지 않았다. 전·현직 다스 직원들의 새로운 증언들이 더해졌다.

다스에는 차명 지분이 있었다. 특검 수사에서 드러난 다스의 지배주주는 김재정이었다. 김재정이 다스의 지분을 50퍼센트 넘게 소유하고 있었다. 그러나 경영권을 행사하지 않았다. 이명박의 재산 관리인으로 줄곧 의심받아온 인물 가운데 하나가 김재정이다.

수상한 돈도 다스에서 오갔다. 그 돈의 주인이 다스의 주인일 가능성이 높다.

세 번째 열쇠는 바로 다스다.

이시형의 반전

이시형은 이명박 전 대통령이 38세 때 태어났다. 딸 셋에 아들 하나다. 장녀 이주연과 차녀 이승연은 미국 줄리어드 음대에서 기악을 전공했다. 삼녀 이수연은 이화여대 미대를 나왔다. 첫째 사위는 검사 출신으로 재벌그룹 법무담당 임원, 둘째 사위는 서울대병원 내과 전문의, 셋째 사위는 재벌 3세다.

이명박 전 대통령은 재임 당시 2011년 여성계 신년인사회에 참석해 "한국은 여성 시대가 도래하고 있다"면서 "나도 딸이 셋이고 아들이 하나인데 아들은 비리비리하다"고 말했다. 장내에선 웃음이 터져 나왔다. 그 아들이 이시형이다.

이시형은 올해 41세로 1978년생이다. 연세대학교 원주캠퍼스를 1년 남짓 다니다 중퇴하고 미국 펜실베이니아 주립대로 유학을 떠났다. 귀국 후 2006년 외국계 투자회사에서 1년 정도 일했다. 이후 아버지 주변 사람들의 회사를 전전했다.

먼저 한국타이어에 입사했다. 이명박 전 대통령의 사돈 기업이다. 이명박의 셋째 사위가 조현범 한국타이어 사장이다. 당시는 부사장이었다. 이시형은 2008년 7월 한국타이어에 입사했다가 이듬해 11월 퇴사했다. 짧은 직장 생활 동안 말이 많았다. 특혜 취업 지적을 받았다. 현직 대통령의 아들이 구설에 올라서인지 이시형의 한국타이어 생활은 1년 남짓으로 끝났다. 따가운 눈총을 받은 건 이게 처음은 아니었다.

이명박이 서울시장이었을 때였다. 2002년 7월 3일, 반바지에 슬리퍼 차림의 청년과 양복을 차려입은 말끔한 사내가 월드컵 영웅 히딩크 감독과 함께 기념 촬영을 했다. 이시형과 조현범이었다. 히딩크 감독에게 명예서울시민증을 수여하는 자리였다. 이명박은 "공사 구분 못 한다", 이시형은 "철이 없다"고 한소리 들었다.

이시형은 한국타이어를 퇴사한 뒤 1년 정도 무직으로 있었다. 그러다 2010년 8월 큰아버지가 회장으로 있는 다스에 입사했다. 이곳이 이시형의 세 번째 회사다. 아니, 따지고 보면 네 번째 회사다. 외국계 투자회사와 한국타이어에서 잠깐 일했고, 비슷한 시기에 부동산임대관리업체 대명기업에서도 일했다. 이명박이 대선후보였던 시절, 이시형은 2007년 3월부터 11월까지 대명기업 직원으로 이름을 올려 매달 250만 원을 받았다. '위장 취업'이었다. 줄리어드 음대를 나온 큰누나가 같은 회사 선배였다. 누나 이주연은 더 오래 회사를 다녔다. 2001년 8월부터 2006년 4월까지 아버지 회사 대명기업에서 매달 120만 원을 받았다.

이시형의 네 번째 입사는 순조로웠다. 단박에 과장으로 들어간다. 경력 사원으로 채용됐다. 다스 과장 연봉은 4천만 원대, 과장이 되기까지 통상 입사 후 10년이 걸린다. 과장으로 입사한 이시형은 해외영업팀으로 발령 났다. 경주 본사에 있던 해외영업팀이

곧 양재동 서울사무소로 사무실을 옮겼다.

이때쯤 이시형은 삼성동 안가를 전세금 6억 4천만 원에 계약한다. 2년 뒤에는 7억 4천만 원으로 재계약한다. 땅도 사들였다. 아버지가 퇴임 후 살게 될 사저 부지를 11억 2천만 원에 마련했다.

돈 문제가 세상에 알려지면서 시끄러워졌다. 부모님이 퇴임 후 살게 될 사저 부지를 자신의 명의로 사들인 일이 알려지면서 이시형은 2012년 특검에 불려나가 호되게 당했다. 하지만 아버지가 수사 기간 연장을 막았다. 덕분에 전세금으로 들어간 정체불명의 돈의 정체는 탄로 나지 않았다. 전세금 7억 4천만 원은 아들 이시형 몫이 됐다. 이후 이시형은 액땜한 듯 승승장구한다.

리틀 VIP의 승승장구

이시형이 입사한 다스는 본래 대부기공이었다. 1987년 7월, 경주에서 자본금 6억 원으로 '대부기공(주)' 간판을 달고 설립됐다. 이후 2003년 (주)다스로 상호를 바꿨다. 다스는 'Daebu Automotive Seat'의 단어 앞머리를 땄다. 이름처럼 자동차 시트를 제조한다. 주로 현대·기아차에 납품한다.

창업주는 이상은과 김재정이다. 김재정이 2010년 사망하면서 현재 이상은이 13만 9600주를 보유해 지분율이 47.26퍼센트다.

(다스의 자본금은 29억 5400만 원이다. 발행 주식 수는 29만 5400주, 주당 액면가는 1만 원이다.) 주주명부를 보면 이시형과 이명박은 단 1주의 주식도 갖고 있지 않다.

다스의 성장세는 가팔랐다. 1987년 50여 명의 직원으로 시작한 다스는 2014년 기준 직원 수가 4100여 명으로 성장했다. 매출도 1조 원을 넘어섰다. 국내에 경주와 아산 두 곳, 해외 여러 곳에 공장을 냈다. 미국 몽고메리에도 공장이 있고, 인도에는 첸나이와 푸네, 브라질과 터키, 그리고 체코에도 공장이 있다. 중국 공장은 베이징(北京), 닝보(寧波), 원덩(文登), 장쑤(江蘇), 가오안(高安), 창저우(滄州)에 있다. 글로벌 기업이다.

이명박 대통령 재임 5년 동안에는 매출이 2008년 4541억 원에서 2012년 8570억 원으로 폭발적으로 늘었다. 영업이익도 2008년 174억 원에서 2012년 404억 원으로 두 배 넘게 뛰었다. 정권의 비호가 있다는, 확인되지 않은 시샘도 받았다. 현대·기아차의 세계 시장 판매 호조도 다스의 성장세에 날개를 달아줬다.

이시형도 반전에 성공한다. 다스의 성장 한가운데에 이시형이 있었다.

2010년 8월, 과장으로 입사한 이시형은 근 2년 만에 임원으로 승진한다. 2013년 상무로, 2015년 전무로, 2년에 한 번씩 초고속 승진을 한다. 그리고 다스의 CFO(Chief Financial Officer)로 선임된다. CFO는 회계와 재무를 총괄하는 직책이다. 사실상 다스의 금고가 이시형 손에 들어왔다.

이시형은 대외 무대에도 얼굴을 드러낸다. 2013년 다스 북미법인(DAS North America Inc.)이 미국 남부 앨라배마주 몽고메리에서 증설에 들어간 공장 기공식 자리였다. 새 북미 공장은 대지 약 12만 2300제곱미터에 건물 약 3만 1730제곱미터 규모로 3700만 달러의 건설 비용이 투입됐다.

이시형은 이에 앞서 등기이사도 맡았다. 2013년 2월, 다스 북미법인 등기이사 세 명 가운데 한 명으로 이시형이 이름을 올렸다. 등기이사는 경영상 법적 책임을 지는 자리다. 이사회에 참여할 권한도 있다.

등기이사 자리를 탐탁치 않아하는 재벌 총수들의 일반적인 관행을 감안하면, 회사에 대한 이시형의 지배력이 아직은 약하다는 걸로도 해석될 수 있다. 사실상 회사를 소유하고 있는 재벌 총수 일가들은 황제급 권한을 누리면서도 등기임원은 맡지 않아 법적인 책임을 회피하는 경우가 많다.

하지만 이시형과 함께 등기이사를 맡고 있는 다른 두 명이 누군지 살펴보면 그 의미는 다르게 읽힌다. 다른 두 명은 강경호 다스 사장과 이동형이다. 이동형은 이상은의 아들이자 잠재적 후계자다. 이시형이 사촌형인 이동형 그리고 회사의 2인자인 대표이사 강경호 사장과 어깨를 나란히 한 것이다. 입사한 지 갓 2년이 넘어설 때였다.

이시형의 성장은 여기서 그치지 않는다. 다스의 중국 현지 법인 아홉 곳 가운데 네 곳의 대표도 꿰찬다. 베이징 다스, 닝보 다스, 원딩 다스, 장쑤 다스 등이다. 이 가운데 장쑤 다스 대표 자리는 2017년 3월 이상은이 넘겨줬다. 원딩 다스 대표는 2016년 12월 이동형에서 이시형으로 바뀌었다. 힘의 무게추가 이상은 부자(父子)에서 이시형으로 옮겨가고 있는 것이다.

이시형이 대표를 꿰찬 중국 법인 네 곳 모두 한국 다스가 지분 전부를 갖고 있다. 한국 다스의 최대주주 이상은은 확고한 지분을 보유하고 있으나 1933년생으로 올해 86세. 후계 구도를 생각할 때다. 그런데 아들 대신 조카를 요직에다 앉히고 있다. 이시형이 후계자 수업을 받고 있는 모양새다.

비슷한 일은 이전에도 있었다. 이상은과 다스를 함께 세운 김재정은 이상은보다 지분이 더 많았다. 김재정은 건강이 악화되고 있었지만 후계자를 내세우지 않았다. 2010년 사망 이후 김재정이 쥐고 있던 경영권은 지분 상속과 기부로 오히려 훼손됐다.

이시형과 이동형의 위상 변화도 대조적이다. 이시형이 다스를 장악하는 사이 이동형은 2016년 아산공장으로 사실상 밀려났다. 이명박과 이시형은 1주의 주식도 없다. 그럼에도 이시형이 회장 아들을 제치고 회사에서 입지를 다져가고 있다.

이시형이 승승장구하면서 다스 실소유주 의혹에 다시 불이 붙었다. 그 중심에 이시형이 있다는 게 예전과 사뭇 다르지만, 의혹의 끝은 MB로 모아진다. 이시형의 승승장구에는 다스 실소유주로 의심되는 이명박의 후원이 있는 것 아니냐는 의혹이다.

　이명박 측근들도 다스 내부에서 요직을 차지하기 시작한다. 다스 대표와 감사 등 주요 자리가 MB 측근들로 바뀌었다. 2015년 7월부터 감사를 맡고 있는 신학수는 오래된 이명박 측근이다. 이명박의 서울시장 선거 운동을 돕다 구속되기도 했다. 이명박정부 시절에는 청와대 총무비서관과 민정1비서관 등을 거치며 이명박 곁을 쭉 지켰다. 신학수 감사 이전에는 이상은 측근으로 알려진 감사 이모 씨가 있었다.

　이상은과 함께 공동대표를 맡으면서 사실상 다스 경영을 책임지고 있는 강경호도 이명박의 최측근이다. 이명박 서울시장 시절 서울지하철공사와 그 후신인 서울메트로 사장을 역임했다. 이명박정부 초에는 코레일 사장도 지냈다. 이명박 측근들이 다스를 장악한 셈이다. 그리고 그 한가운데 이시형이 있다.

'리틀 다스'의 탄생

　이시형은 2015년 다스 협력업체를 설립한다. 경주에 '에스엠'이란 회사를 세웠다. 자본금 1억 원의 자동차 부품 생산업체다. '리틀 다스'라는 말이 나왔다.

에스엠 홈페이지를 보면 경상북도 경주시 천북면 천강로에 공장을 두고 있다. 종업원은 30명 수준이다. 그랜드 스타렉스, 제네시스 쿠페, 투싼 등의 시트 부품을 생산한다. 2015년 4월 설립돼 같은 해 6월 영업에 들어갔다. 공장 문을 열자마자 가동에 들어갔다고 할 수 있을 정도로 빠른 속도다.

에스엠의 지분을 살펴보자. 이시형이 에스엠의 지분 75퍼센트 (1만 5천 주)를 갖고 있고, 나머지 25퍼센트(5천 주)를 이시형의 고모부이자 이명박의 매제, 누이동생 남편인 김진 전 다스 부사장이 갖고 있다. 김진 전 부사장이 대표이사이고 이시형도 등기이사로 이름을 올렸다. 국내에서 이시형이 임원으로 등기된 회사는 에스엠이 처음이다.

에스엠은 지난 2015년에는 42억 원, 2016년에는 58억 원의 매출을 올렸다. 매출의 90퍼센트 이상이 다스에서 발생했다. 다스가 대기업에서 일감을 받고, 에스엠은 다스의 하청을 받아 납품하는 구조다.

재벌 2·3세가 차린 회사에 그룹 계열사의 일감을 몰아줘 덩치를 키운 뒤 경영권 세습의 토대로 삼는 건 전통적인 방법이다. '세금 없는 대물림'의 수단으로 꼽힌다.

원조격은 현대차그룹 정몽구 회장과 장남 정의선 부회장이 2001년 세운 현대글로비스였다. 자본금으로 정몽구가 10억 원, 정의선이 15억 원을 냈다. 지분이 아버지 40퍼센트, 아들 60퍼센트로 구성됐다. 부자(父子) 회사다. 현대글로비스가 만들어지자 현대차그룹이 각종 물류 업무를 글로비스에 맡겼다. 대금도 시가보다 높게 지급됐다. 덕분에 현대글로비스는 빠른 속도로 몸집을 키웠다. 설립 4년 만에 코스피에 상장됐다. 한때 시가총액이 10조 원에 이르렀다. 막대한 시세 차익을 노릴 수 있게 된 것이다. 편법 상속과 경영권 세습이라는 비판이 쏟아졌다. 결국 정몽구 회장은 사재 출연을 약속했다.

정의선과 이시형을 비교해보자. 서류상으로 에스엠은 이시형 회사다. 최대주주가 이시형이다. 현대글로비스는 정의선 부회장의 회사다. 최대주주가 정의선이다. 외견상으로는 이시형의 에스엠은 정의선 부회장의 현대글로비스와 비슷한 골격을 갖췄다. 다른 점은 현대차그룹은 총수가 아버지 정몽구인 반면 다스의 최대주주는 아버지 이명박이 아니라는 것이다. 에스엠의 성장을 지켜봐야 할 이유다. 에스엠의 성장이 현대글로비스의 전철을 밟는다면, 다스의 실소유주가 이명박이라는 의심도 설득력을 얻을 수 있다.

에스엠은 적극적으로 기업 사냥에도 나서고 있다. 설립 이듬해인 2016년 다스의 또 다른 협력업체 '다온'을 인수한다. 그해 다온의 자산 규모는 404억 원. 에스엠보다 덩치가 40배 가까이 컸다. 에스엠의 자산 규모는 11억 원이었다. 에스엠이 자산 규모 40배에 이르는 회사를 삼킨 것이다. 에스엠은 같은 해 '에스디하이텍'

이라는 자동차 시트 부품 회사도 인수한다. 2017년에는 'DMI'라는 자동차 시트 부품 제조업체도 인수한다. 에스엠은 2년 사이에 자동차 시트 부품회사 세 곳을 사들였다.

하지만 에스엠은 재무제표만 보면 그럴 상황이 아니었다. 2016년만 하더라도 에스엠의 자산은 11억 원, 부채는 11억 2천만 원 정도로 자본잠식에 빠진 상태였다. 영업이익률도 설립 이후 2년 연속 마이너스였다. 2015년 마이너스 1.30퍼센트, 2016년 마이너스 1.07퍼센트였다. 돈만 까먹고 있는 회사였다. 그런 에스엠이 잇단 인수에 나선 것이다. 인수 종잣돈을 회사 내부에서 마련하기 힘든 상태다. 어디선가 자금을 끌어오지 않는다면 기업 사냥에 나서기 힘들다는 말이다.

이시형이 에스엠을 통해 인수한 다온은 다른 회사에서 돈을 빌린다. 회사 두 곳에서 장기 차입금으로 모두 50억 원을 빌렸다. 먼저 다스가 34억 원을 빌려줬다. 그리고 다스의 또 다른 협력업체 '금강'이 16억 원을 빌려줬다. 금강은 이시형의 외숙모 권모 씨가 최대주주로 있는 회사다. 권씨는 이명박의 처남 김재정의 미망인이다.

다스와 금강, 두 회사가 에스엠에 돈을 빌려준 이자율을 보면 기업의 생리인 이기심이 엿보이지 않는다. 다스가 연 2.0퍼센트, 금강은 2.9퍼센트로 웬만한 은행권 대출 이자보다 낮다. 2017년 갑작스런 지진으로 피해를 입은 포항 중소기업들을 위해 내놓은 정부의 정책자금 금리가 연 2.8퍼센트에서 3.35퍼센트 수준이다. 이시형은 다스의 CFO이다. 다스의 돈줄을 쥔 임원이긴 하지만 지분이 하나도 없다. 이시형의 지분이 하나도 없는 다스와 다스 협력업체 금강이 에스엠에 저리로 자금 지원을 한 것이다.

　다스 실소유주 의혹은 그 목숨이 쇠심줄 같다. 2007년 대선을 앞두고 뜨거웠고, 10년이 지나 다시 뜨겁게 달아오르고 있다. 하지만 이번 의혹은 사뭇 양상이 다르다. 이시형과 그가 세운 회사가 중심에 있다.

　2010년 8월 다스 입사 후 이시형의 승진은 눈부실 정도로 빨랐다. 자신의 회사도 하나 세웠다. 다스의 금고도 손에 넣었다. 해외법인 대표 자리도 하나씩 차례차례 꿰찼다. 이 모든 걸 7년 남짓한 시간 동안 해냈다. 따지고 보면 5년 남짓한 시간이다. 내곡동 특검에 소환됐을 때가 2012년 11월이었다. 그때만 하더라도 "내 소유의 재산이 없다"고 했다. 연봉도 5천만 원 정도였다. 다스 이전에 잠깐 취업을 했다곤 하지만, 돈 번 기간이 짧다 보니 벌어놓은 돈도 별로 없었다.

　이시형의 공식적인 재산은 2008년 기준 3656만 원이다. 은행 예금과 보험이 전부였다. 이명박의 대통령 취임 첫해에 이뤄진 재산 공개에서 신고한 내용이다. 이후 '독립 생계 유지'를 이유로 재산 고지를 줄곧 거부했다. 공적 감시망에서 사라졌다. 하지만 특검 수사에서 어머니에게서 생활비와 용돈을 받고, 서울 내곡동 땅값도 증여받는 등 '비독립적 생계'를 해온 것으로 드러났다. 전세금으로 쓰인 정체불명의 돈도 나왔다. "내 소유의 재산이 없다"고 했지만 이시형에게 얼마나 많은 돈이 흘러갔는지는 불분명하다. 특검은 이명박 전 대통령의 수사 연장 거부로 수사를 하다 멈췄다. 그래서 이시형의 재산은 그 정도까지만 드러났다.

2012년 특검 수사 이후 이시형은 다시 공직 감시망에서 사라졌다. 전세금으로 쓰인 정체불명의 돈은 결국 이시형의 손으로 들어갔다. 순식간에 수억 원의 재산이 늘었다. 이후 불과 5년 남짓한 시간 동안 회사도 세우고, 임원도 되고, 이 모든 걸 해냈다. 홀로서기에 성공했다. 아버지 이명박이 "비리비리"하다고 했던 핀잔을 말끔히 털어냈다. 리틀 VIP의 홀로서기는 다스에서 이뤄졌다. 이명박은 물론 자신의 지분이 1퍼센트도 없는 다스가 성장의 밑거름을 제공했다.

차명 지분 4.16퍼센트

"그래서 다스는 누구 겁니까?" 이 질문에 맨 먼저 도전한 건 2007년 검찰이었다. 그리고 2008년 BBK 특검으로 불린 정호영 특검도 문제풀이에 뛰어들었다. 최고의 칼잡이라 불리는 이들이었다.

해답은 똑같았다. "다스의 주주명부를 뒤져도 '이명박'이란 이름은 없었다." 그리고 "9년치 회계장부를 훑어도 다스가 이명박 소유라는 증거는 발견하지 못했다"고 검찰은 수사 결과를 발표했다. 다스의 돈이 배당금이든 비자금이든 어떤 형태로도 이명박에게 흘러들어간 흔적이 발견되지 않았다는 것이다.

특검도 "다스와 연관돼 있는 5년치 모든 금융계좌를 샅샅이 살폈지만, 다스 회사자금이 이명박에게 유출된 사실은 없다"고 밝힌다. 주주명부에도 이명박은 없고, 그렇다고 MB가 돈을 빼돌려 다스 회사자금을 쓴 흔적도 없다는 것이다.

하지만 특검은 뜻밖의 사실을 밝혀낸다. 다스 안에 차명 지분이 있긴 있었다. 특검 수사 내용대로라면 차명 지분의 실제 주인은 이명박이 아닌 이명박 처남 김재정이었다. 김재정이 다스의 지배주주이자 다스의 주인이었다. 하지만 문제는 간단치 않다. 김재정이 이명박의 처남이기도 하지만 줄곧 이명박의 재산 관리인으로 의심받던 인물이기 때문이다.

"동생이 약간 도왔다"

다스가 문을 열 때부터 살펴보자. 당시 이명박이 어떤 역할을 했는지 몇 가지 증언이 있다. 이명박의 둘째 형 이상득 전 국회부의장은 2007년 1월 《신동아》와의 인터뷰에서 이 전 대통령의 역할에 대해 이렇게 설명한다. 다스 의혹이 불붙기 전에 이뤄진 인터뷰다. "(동생은) 다스에 대한 법적 권리가 전혀 없고, 주주와 운영자가 엄연히 별도로 있는데 이명박 전 시장을 자꾸 끌어들이는 것은 지속적인 흠집 내기로밖에는 안 보인다"면서도 "(동생이) 현대건설 사장 재임 때 정세영 당시 현대자동차 회장에게 얘기해 다스가 안착할 수 있도록 약간의 도움을 준 것으로 안다"고 말했다. '약간의 도움'이 어떤 것인지 부연 설명은 없었다.

이명박의 최측근이었다가 정치적 결별을 한 정두언 전 국회의원은 좀더 구체적인 얘기를 한다. 여러 명 있을 때 다스 설립 과정을 들은 적이 있는데, 그 당시에 정세영 현대자동차 회장이랑 이명박 전 대통령이 친했고, 정세영 회장이 "당신 뭐 하나 해라" 제안해서 지은 게 다스라는 것이다. 이상득과 정두언의 말을 종합하면 다스가 창업할 때 정세영 당시 현대차 회장의 도움이 있었다는 건 분명해 보인다.

다스의 공동 설립자인 이상은 회장이 특검에서 말한 진술도 이 부분과 일치한다. 다스 설립 과정에 "현대자동차 정세영 회장의 도움이 있었다"는 것이다. 현대건설 출신인 김성우의 다스 사장 영입도 당시 현대자동차 사장 이모 씨가 도왔다고 진술한다. 김재정도 거든다. 김재정은 자신이 현대건설 동기였던 김성우를 이상 은에게 추천했다고 진술한다. 김재정도 현대건설 출신이다.

다만 이상은과 김재정의 진술에서는 이명박이 개입한 정황은 발견되지 않는다. 이명박은 현대건설의 회장까지 지냈다. 다스의 설립을 거들 법도 하다. 그러나 이상은과 김재정은 이명박이 어떤 역할을 했는지는 구체적으로 밝히지 않는다. 특검도 다스 설립 과 정에서 이명박이 했던 역할을 빈칸으로 남겨뒀다.

이명박의 주장은 오히려 반대다. 다스 창업 과정에서 자신이 한 역할은 '도움'이 아니라 '방해'에 가까웠다고 강조한다. 이명박 은 대선이 있던 2007년 3월 《월간조선》과 인터뷰한 자리에서 "쓸 데없는 오해를 받을까 봐 형님이 하는 공장을 현대건설이 못 짓 게 했다"고 말했다. (다스 공장이 막 지어질 무렵 이명박은 현대건설 회장이었다.) 그런데 "정주영 회장이 그 소리를 듣고 '돈 받고 하는 건데 왜 못 해주느냐'고 해서 현대건설이 건물을 지어줬다"는 것

※ 「'MB 최측근' 정두언 "다스, MB가 만들었다"」,《MBC 뉴스데스크》, 2018년 1월 5일.

세 번째 열쇠, 다스 **145**

이다. 오히려 형이 회사를 창립하는 데 자신이 경영하던 현대건설이 공장을 못 짓게 해 방해를 했으면 했지 일절 도움을 주지 않았다는 취지다.

이명박은 자신이 데리고 있던 부하 직원 김성우에 대해서도 비슷한 반응을 보였다. 김성우는 현대건설 출신의 재무통으로 알려진 인물이다. 이명박은 같은 해 7월 한나라당 대선 예비후보 검증 청문회에서 김성우에 대해 같은 현대건설 출신이긴 하지만 자신을 알 수 있는 연배가 아니라며, 자신이 사장이 됐을 때 입사한 직원이라고 설명한다. 김성우 입장에선 이명박이 먼발치에 있는 거인이었고, 이명박 입장에서 김성우는 햇병아리였다는 말이다.

다만 이명박은 회사 설립 초기에 다스를 찾아간 건 사실이라고 말한다. 두어 번 찾아갔다고 말한다. 2007년 7월 한나라당 대선후보 검증 청문회에서 그렇게 말했다. "형을 만난 뒤 만일 이 회사가 나쁜 부품을 납품해 모기업 운영이 어려워지면 나도 곤란해지니 돈은 나중에 벌고 최선을 다해달라고 부탁했다"는 것이다.

주주명부만 놓고 보면 다스는 큰형과 처남의 회사다. 그렇지만 다스와 현대차의 관계 그리고 이명박이 당시 현대건설 회장으로 있었던 걸 감안하면 큰형과 처남이 회사 세우는 데 이명박이 아무런 도움을 주지 않았다는 게 오히려 이상할 정도다. 이명박 전 대통령이 자신의 역할을 부정하는 건 둘째 형 이상득이나 한때 최측근이었던 정두언의 증언과도 엇갈리는 것이어서 오히려 의혹을 키우는 측면이 있다.

허술한 거래

　이명박의 오랜 친구 김창대도 다스에 지분이 있다. 다스가 이명박 소유라고 수군수군하는 소리가 끊이질 않는 이유 중 하나도 이 때문이다. 다스의 주주들이 모두 이명박의 친인척이자 오랜 친구로 구성된 것이 의혹을 키웠다.

　다스는 일본회사와 기술 합작 형태로 첫걸음을 내딛었다. 창업 초기 기술이 변변치 않았다. 일본의 대형 자동차 부품회사인 후지기공의 기술에 의존했다. 자본금도 일본 회사가 보탰다. 첫 자본금 6억 원 중 3분의 2가량은 김재정이, 나머지 3분의 1은 후지기공이 댔다. 이상은이 이후 김재정의 지분 일부를 사들이고, 후지기공이 다스에서 발을 빼는 등 몇 차례 지분 변동을 거친다. 유상증자도 있었다. 그러는 사이 이명박의 고등학교 동창이자 후원회 '명사랑' 회장을 지낸 김창대도 다스의 지분을 확보한다.

　다스의 자본금은 29억 8천만 원으로 늘어난다. 몇 차례 변동을 거쳐 1999년 3월 이후 다스의 지분율은 이렇게 정리된다.

김재정: 48.99퍼센트

이상은: 46.85퍼센트

김창대: 4.16퍼센트

이 지분율은 김재정이 2010년 사망하기 전까지 유지된다.

특검이 정작 밝혀낸 건 다른 데 있었다. 김창대가 갖고 있던 지분이 사실은 김재정 소유라는 것이다. 1998년 4월 김재정이 자신의 지분 4.16퍼센트를 김창대에게 넘긴다. 김재정은 특검 수사에서 자신의 주식 지분 가운데 일부를 차명 소유할 수 있도록 "오랜 인연을 맺어온 김창대에게 부탁했다"고 진술한다. 김창대는 김재정 부친과 함께 욕조 제조업체를 세운 뒤 이사로 근무하다가 김재정에게서 회사를 인수했다. 이런 인연을 계기로 김재정이 자신의 지분 4.16퍼센트를 김창대에게 차명으로 넘겼다는 것이다. 특검이 국회에 낸 수사 결과 보고서에는 이렇게 나온다.

98. 4. 20. 김재정이 지분 4.16퍼센트를 김창대에게 양도한 것은…… 김창대에게 부탁하여 김재정이 자신의 주식 지분 4.16퍼센트를 김창대 명의로 차명보유한 것임.

지금까지 김창대 지분이 김재정의 차명지분이었다는 사실은 알려진 적이 없다. 특검이 수사 발표문에 이런 내용을 담지 않았기 때문이다. 그리고 그동안 함구했기 때문이다. 특검이 국회에 낸 보고서에 큰 관심이 쏠리지 않은 탓도 있다.

「한나라당 대통령 후보 이명박의 주가조작 등 의혹 사건 수사 결과」라는 다소 긴 제목의 이 보고서는 국회 전산에 등록돼 있지 않다. 그래서 정확한 제목과 제출 날짜를 알지 못하고선 찾기 힘들다.

김창대는 이명박의 막역한 친구다. 포항 동지상고 동기생이며 대선 당시에는 이명박의 외곽 지원 그룹인 명사랑 대표로 활동했다. 이명박은 자서전 『대통령의 시간』에 고등학교를 졸업한 후 서울로 올라오고 나서도 벗어날 수 없었던 가난한 삶을 옮겨놓았다. "친구의 방에서 겨우 잠만 자면서 막노동판에서 일당 노동자로 일했다"고 기억했다. 이 친구가 김창대로 알려져 있다. 이명박은 또 1975년 현대건설 부사장이 된 날 성인이 된 뒤 처음으로 '다른 사람' 앞에서 눈물을 흘렸다고 말한 적이 있다. 이 '다른 사람'이 바로 김창대다.* 김창대는 이명박 전 대통령이 재임 중 출연한 청계재단 감사로 있기도 했다. 김재정은 이런 김창대에게 부탁해 자신의 지분을 차명으로 돌렸다는 것이다. 차명 지분을 정리하면 다스의 실제 지분율은 이렇게 된다.

---

* 「자존심 하나로 가난·콤플렉스 넘었다」,《중앙SUNDAY》, 2007년 12월 23일.

김재정(+차명): 53.15퍼센트

이상은: 46.85퍼센트

이렇게 되면 다스의 주인은 김재정이 된다. 자신의 이름으로 된 48.99퍼센트에 차명으로 보유한 4.16퍼센트를 더하면 김재정의 실제 주식 지분은 53.15퍼센트가 된다. 50퍼센트가 넘는다. 50퍼센트에 1주만 더해도 경영권을 좌지우지할 수 있는 게 주식회사다. 특검 수사대로라면 "다스는 누구 겁니까"라는 질문에 대한 대답은 '일단' 김재정이다. 실제 다스 주인인 김재정이 '김창대'란 이름을 내세워 차명의 그늘 뒤로 숨어 있었던 것이다. 적어도 김재정이 2010년 사망하기 직전까지는 그랬다.

김재정은 특검 조사에서 지분을 차명으로 보유하게 된 이유가 세무사의 조언 때문이라고 설명한다. 세무사가 "과점주주일 경우 불이익이 있을 수 있다"고 조언했다는 것이다. 지분이 50퍼센트가 넘으면 과점주주가 된다. 흔히 지배주주라고 불린다. 정확히 말해 '50퍼센트+1주'면 과점주주가 된다. 차명 지분까지 더하면 김재정의 다스 지분율은 53.15퍼센트였다.

세무사 말대로 과점주주가 되면 불이익이 있을 수 있다. 먼저 2차 납세 의무를 져야 한다. 2차 납세 의무란 1차 납세 의무자를 대신해 납세 의무를 지는 것을 말한다. 여기서 1차 납세 의무자는 다스가 된다. 예를 들어 다스가 법인세를 제대로 내지 않으면 과점주주인 김재정이 책임을 지는 것이다. 또 과점주주는 간주취득세를 내야 한다. 회사가 건물이나 땅 같은 취득세를 내야할 대상이 되는 부동산을 사들일 경우 회사가 취득세를 내야하는 것은 물론이지만, 과점주주도 이 건물이나 땅을 취득한 것으로 간주해 취득세를 내야한다. 이를 간주취득세라고 한다.

김재정은 자신의 지분을 차명으로 돌리면서 이런 불이익을 모두 피한 것이다. 과점주주에게 이런 불이익이 따르는 것은 실제 회사의 주인으로 보기 때문이다. 실제 주인으로 보기 때문에 과점주주에게 회사를 대신해 세금을 내야 할 의무도 지도록 하고, 취득세도 따로 내도록 하는 것이다.

특검은 김재정의 다스 지분 차명 보유 사실을 확인했다. 하지만 수사 결과 발표문에는 이를 담지 않았다. 특검은 다스 차명 소유 의혹에 대해 "다스가 이명박의 소유라는 증거는 어딜 봐도 나오지 않았다"고만 밝혔다. 하지만 다스 안에 차명 지분은 있었다. 세상에 알리지 않았지만, 특검은 알고 있었다. 특검 수사에서 확인된 다스의 대주주이자 지배주주는 이명박의 처남 김재정이었다. 지분만 놓고 따지면 다스는 '일단' 김재정 것이 된다.

여기서 끝난다면 간난하시만 오락호락하지 않다. 짚어야 할 게 꽤 있다.

통상 과점주주가 세무상 불이익을 피하기 위해 지분 일부를 차명으로 다른 사람에게 넘기더라도 주식대금이 오간 것처럼 꾸미

기 마련이다. 과세당국이 눈을 부릅뜨고 있기 때문이다. 과점주
주가 지분 일부를 누군가에게 양도하면 국세청은 과점주주가 세
금을 덜 내려고 하는 가짜 거래가 아닌지 의심해본다. 그러나 특
검이 국회에 제출한 수사 보고서「한나라당 대통령 후보 이명박의
주가조작 등 의혹 사건 수사 결과」에는 김재정과 김창대 사이에
돈이 오간 흔적이 나오지 않는다. 과점주주의 세무상 불이익을 피
하기 위한 가짜 거래치곤 허술하다.

　김재정이 50퍼센트가 넘는 지분을 갖고 있으면서 경영권을 행
사하지 않은 것도 이상하다. 지분이 그 정도면 대표이사도 마음대
로 바꿀 수 있다. 회사를 좌지우지할 수 있는 것이다. 김재정은 다
스 경영에서 사실상 손을 뗐을 뿐만 아니라 후계자도 내세우지 않
았다. 김재정 사망 이후 김재정의 미망인은 지분을 세금 대신 납
부하거나 공익법인 재단에 기부하는 등 절반가량 포기하면서 경
영권을 훼손했다.

　김재정이 이명박 전 대통령의 처남이기도 하면서 이명박의 재
산 관리인이라는 의심도 풀어야 한다. 김재정 본인의 막대한 부동
산도 사실은 이명박의 차명 재산이라는 의심을 받아왔다. 김재정
이 재산을 불려온 배경에는 이명박이 회장으로 있던 현대건설이
있었던 것도 사실이다.

　그렇다면 질문을 다시 던져야 한다. 김재정 지분은 진짜 김재정
소유인가? 하나하나 따져보자.

먼저 김재정의 재산부터 살펴보자.

욕심 없는 대주주

2007년 대선 당시 김재정의 부동산은 화제였다. 김재정이 1982년부터 1991년까지 10년 동안 사들인 땅만 전국에 걸쳐 47곳, 224만 제곱미터에 이른다는 보도가 나왔다.* 서울 상암월드컵경기장이 40개 정도 들어가는 면적이다. 서울 강남구 도곡동, 청담동, 논현동, 역삼동, 경기도 화성시 우정면 주곡리, 가평군 설악면 선촌리, 충북 옥천군 이원면 강청리, 충남 당진군 송산면 유곡리, 대전시 유성구 용계동, 경북 군위군 산성면 화전리, 경북 영주시 단산면 단곡리, 강원도 고성군 토성면 용촌리의 땅과 강원도와 제주도의 콘도 등 김재정의 부동산은 전국 곳곳에 있었다.

처남의 부동산 매입 당시 이명박은 현대건설 사장에서 회장으로 승진했다. 김재정은 현대건설의 하도급을 받는 토목공사업체 세진개발을 운영하고 있었다. 두 사람의 관계만 놓고 보자면 의심을 받을 만했다. 김재정 부동산이 사실은 이명박 전 대통령 소유라는 의심 말이다.

---

* 「李 처남 47곳 땅 224만 제곱미터 매입…개발 수혜지 많아」, 《경향신문》, 2007년 7월 1일.

김재정이 어떤 인물인지 좀더 자세히 살펴볼 필요가 있다. 김재정은 28세 때 매형인 이명박이 이사로 있던 현대건설에 입사했다. 김재정은 현대건설을 7년 다니다 1982년 과장직을 끝으로 퇴사한 뒤 아버지가 경영하던 토목공사업체 세진개발을 물려받았다. 이후 우방토건을 인수해 태영개발로 회사 이름을 바꿨다. 회사 이름을 바꾼 뒤에도 현대건실과 관계는 계속 이어간다. 태영개발은 한때 매출이 70억 원 규모였지만, 적자에 허덕이다 2005년 폐업했다.

김재정은 현대건설의 하도급을 받는 토목공사업체를 운영하는 동안 전국 곳곳의 부동산을 사들였다. 매형인 이명박이 처남에게 일감을 준 현대건설의 사장과 회장으로 있었다. 김재정의 부동산이 이명박 소유로 의심받는 이유다. 똑같은 이유로 김재정의 다스 지분도 이명박 소유로 의심받는 것이다.

차명 소유로 의심받던 재산 중 대표적인 게 이른바 '현대별장'이다. 경기도 가평 '된섬'에 있다. 주민들 사이에선 최고의 명당으로 꼽힌다. 잘 가꾼 잔디밭과 정원에다 주택 네 개 동이 나란히 볕 좋은 남쪽을 바라보고 있고, 건물 사이에는 테니스장이 있다. 이른바 황제 테니스 논란으로 한동안 시끌벅적 입방아에 오르기도 했다. 2006년 지방선거를 앞두고 열린우리당 측이 당시 이명박 서울시장을 공격하며 현대별장을 소재로 삼았다. "별장에서 여성들과 함께 파티를 즐겼다"는 내용이었다. '경악할 만한 비리'라는 문구에다 여성, 별장, 여흥이라는 단어를 겹쳐 사용하면서 선정적이고 자극적으로 몰아붙였다. 이명박 당시 시장 측은 "처남의 전원주택에서 테니스 동호회 수련회를 가졌을 뿐"이라고 반박했다.

처남의 전원주택이 바로 현대별장이다. 현대별장은 1988년 이명박이 현대건설 사장에서 회장으로 승진할 때 지어졌다. 주택과 주변 땅은 일곱 명이 지분을 나눠 갖고 있다. 한 명을 빼고 모두 현대그룹 임원 출신이다. 그래서 현대별장으로 불린다. 여섯 명 모두 이명박과 친분이 두텁다. 그런데 유독 한 명만 현대건설 평사원 출신이다. 그 한 명이 바로 이명박의 처남 김재정이다. 그런데다 별장 건축허가신청서에 다른 사람들은 모두 인감도장을 찍었는데, 김재정만 막도장을 찍은 것으로 나타났다. 이명박이 처남 명의로 차명 보유했다는 의심이 쏟아졌다.

김재정이 다스 경영에 개입하지 않는다는 사실도 의혹을 키웠다. 김재정은 다스의 창업주이자 차명 지분까지 더하면 다스의 최대주주다. 1995년부터 1998년까지는 감사로도 있었다. 하지만 김재정은 경영에 관여하지 않았다. 특검에는 "연말에 대표이사에게서 결산보고를 받고, 필요할 때마다 수시보고를 받아 다스의 현황을 파악하고 있는 정도"라고 진술했다. "서울에서 토목공사업체인 태영개발을 경영하며 전국적으로 공사를 벌이고 있었기 때문에 경주에 있는 다스를 신경 쓸 겨를이 없었다"고도 진술했다. 자신이 주인인데도 다스 경영에 사실상 손을 뗀 것이다.

이런 미심쩍은 상황은 2010년 김재정 사망 이후에도 이어졌다. 김재정이 사망하면서 미망인 권모 씨가 남편의 주식을 물려받았다. (권씨는 현재 다스 협력업체 '금강'의 최대주주이기도 하다. 금강은 이시형이 세운 에스엠에 16억 원을 빌려줬다.) 권씨는 남편의 주식을 물려받으면서 다스의 지분 5퍼센트를 장학 사업을 펼치고 있는 청계재단에 기부했다. 이명박 전 대통령이 재임 중에 설립한 재단이다.

　　권씨는 청계재단에 다스 주식을 기부하면서 자식들에게는 1주도 주지 않았다. 다스 주식 액면가는 1만 원이지만, 실제 가치는 그 이상이다. 정부 몫 다스 지분을 도맡아 관리하는 한국자산관리공사 자료를 보면 다스의 주당 자산가치는 2011년 기준으로 47만 6743원이다. 청계재단에 기부한 주식 수가 1만 4900주다. 1만 4900주 가격은 2011년 기준으로 71억 원이 넘는다. 회사가 성장하면서 주당 자산가치는 더 뛰었다. 2016년 기준으로 107만 6482원이다. 기부한 주식의 가치도 덩달아 뛰었다. 2016년 기준으로 160억 3958만 1800원이다.

　　권씨는 거액의 상속세도 남편이 갖고 있던 다스 주식으로 '물납' 했다. 돈 대신 물건으로 세금을 냈다는 뜻이다. 현금이 없더라도 다양한 방법으로 세금을 납부할 수 있도록 해 세수 결손을 줄이자는 취지에서 현재 상속세에 대해서만 물납을 허용하고 있다. 권씨는 다스 지분 19퍼센트 정도를 상속세로 내놓았다. 미망인 권씨가 상속세로 낸 지분은 정부(기획재정부) 몫이 됐다. 이렇게 해서 다스의 주식 지분율에 큰 변동이 생겼다. 현재 다스 지분율은 이렇다.

이상은: 47.26퍼센트

권○○: 23.60퍼센트

기획재정부: 19.91퍼센트

재단법인 청계: 5.03퍼센트

김창대: 4.20퍼센트

지분율 순위가 요동쳤다. 이상은 회장이 1위로 올라섰다. 김재정 지분은 세금 내고 기부까지 하면서 절반 수준으로 쪼그라들었다. 남편의 주식을 물려받은 미망인 권씨 지분율이 2위로 내려앉았다. 준재벌이 된 회사의 1대 창업주가 후계자도 세우지 않고 자신의 지위를 스스로 포기하다시피 한 것은 이례적이다. 다스가 창립 당시는 구멍가게 수준이었을지 몰라도, 지금은 매출이 1조 원을 넘어섰다. 영업이익도 해마다 300억 원 안팎으로 안정적이다. 이익잉여금만 2천억 원이 넘는다. 2200억 원 수준이다. 회사 곳간을 가득 채우고 있는 이런 현금을 회사의 1대 창업주이자 최대 주주가 사실상 포기한 것이다.

다스의 배당도 의심을 샀다. 후지기공이 주주로 있던 1993년,

1995년에 7천만 원대의 이익을 배당했을 뿐 그 이후 줄곧 배당이 없었다. 김재정은 물론 이상은에게도 단 한 푼도 배당한 적이 없다. 그러다가 정부 몫의 주식이 생기면서 2012년 자산관리공사가 배당 요구권을 행사하자 배당이 시작됐다. 하지만 자산관리공사나 청계재단에는 해마다 주당 8천 원 또는 9천 원이나 1만 원을 배당하면서 대주주인 이상은이나 미망인 권씨, 김창대에게는 배당하지 않거나 절반 수준만 배당했다. 주인이 주인 권리를 행사하지 않은 것으로 해석됐다.

하지만 특검은 김재정이 경영권을 행사하지 않는 부분에 대해서 의심하지 않았다. 대신 이상은이 실질적인 대표이사로서 회사를 장악해 업무를 처리하고 있다고 판단했다. 지분율로만 보자면 이상한 일이었다. 이상은이 다스를 설립하는 데 주도적인 역할을 했다고 주장하지만, 초기 자본금을 댄 것도 사무실 운영자금을 댄 것도 모두 김재정이었다. 설립 이후 근 10년 동안 이상은은 다스 주식이 1주도 없었다.

특검은 이상은이 주식을 보유하지 않은 상태에서도 각종 결재 서류에 직접 자필로 서명하는 등 다스의 대표이사로서 회사를 실질적으로 경영했다고 봤다. 이런 사정은 두 사람 사이에 "약속이 있었다"는 진술을 받아들였다. "도곡동 땅을 사느라 돈이 없어 지금은 사업자금이 부족하지만 나중에 땅을 팔아 돈이 들어오면 다스 지분을 절반까지 사겠다"고 이상은이 김재정에게 얘기했고, 이를 김재정이 그러자고 했다는 것이다. 차용증을 쓰거나 각서를 쓴 것도 아니었다. 구두 합의였다. 특검은 이를 받아들였다. 경영권에 손을 놓은 욕심 없는 지배주주, 김재정에 대한 특검의 의심은 여기서 그쳤다.

"검찰에서 거짓말했다"

특검은 김재정의 부동산에 대해서도 모두 김재정의 소유로 판단했다. 김재정은 특검에서 많은 돈을 벌었다고 진술했다. 세진개발을 운영하는 것과는 별도로 현대건설 등으로부터 따낸 직영공사 수익금으로 부동산 투자를 했다는 것이다. 도곡동 땅을 사들인 7억 8천만 원도 이렇게 마련했다고 주장했다.

특검 수사에 앞서 검찰에서 했던 진술도 뒤집었다. 김재정은 검찰에선 도곡동 땅을 사들이면서 아버지에게서 5천만 원을, 매형에게서 1억 원을 빌렸다고 진술했는데 다 거짓말이었다는 것이다. 김재정이 주장한 사연은 이렇다. 1998년 대검찰청 중앙수사부가 포스코개발이 도곡동 땅을 사들인 경위를 수사하면서 김재정에게도 도곡동 땅 매입 대금의 출처를 물은 적이 있는데, 직영공사로 막대한 돈을 벌었다고 사실대로 얘기했다간 국세청에 통보될 것을 걱정해 부친과 매형한테 돈을 빌렸다고 거짓 진술했고,

이번 검찰 조사 때도 그때 생각이 나 똑같이 거짓말했다는 것이다. 핵심은 그만큼 돈을 많이 벌었다는 것이다.

김재정은 자신이 따낸 직영공사가 중부고속도로, 한강개발 3공구, 낙동강 하구언 등 전국 10여 곳에 이르렀고, 공사대금만 각각 수십억 원에다 이익금이 20퍼센트에서 30퍼센트였다고 주장했다. 그 이익금은 본인이 직접 수령했다고 진술했다. 국세청에 통보돼 불이익을 받지나 않을까 우려했을 정도라고 말했다. 국세청의 감시망을 벗어나 벌었던 돈이라는 뜻이다. 그렇다면 계좌 추적을 한다고 해서 정체를 밝힐 수 있는 돈이 아니다. 그렇다고 해서 특검이 계좌 추적을 해 자금 출처를 밝힌 것도 아니다. 특검에 앞서 검찰도 "김재정의 매입 자금 출처에 관해서는 시일이 오래 지나 정확한 확인이 어렵다"고 인정했다. 특검은 그러나 현대건설 현장 소장들이나 김재정이 운영하던 세진개발 직원들의 진술을 종합해볼 때 김재정이 많은 돈을 벌었다는 주장은 사실이라고 판단했다. 진술을 사실로 받아들였다.

마찬가지로 특검은 현대별장에 투자한 2억 7천만 원도 직영공사로 김재정 본인이 번 돈이라는 주장을 받아들였다. 김재정은 현대별장 건축허가신청서에 막도장을 찍게 된 이유도 당시 전국 여러 곳에 직영공사를 하고 있는 상태라 특정한 도장을 사용하지 못하고 필요에 따라 막도장을 사용했는데, 건축사무소에 도장 사용을 맡겨서 막도장이 찍히게 된 것으로 설명했다. 현대별장에 함께 투자한 현대그룹 임원 출신 여섯 명도 모두 친하다고 주장했다. 특검은 이런 이유로 현대별장의 실제 소유자는 김재정이 맞다고 판단했다. 도곡동 땅 등 다른 부동산도 마찬가지였다. 특검은 또 다스의 주식을 사들인 돈도 직영공사로 벌었다는 진술을 받아들였다. 부동산도 다스 주식도 모두 이렇게 직영공사를 통해 벌어들인 엄청난 돈을 밑천 삼아 투자했다는 김재정의 말을 받아들였다.

특검 수사의 한계는 분명하다. 특검이 여러 가지 근거를 나열하며 내린 결론도 직접적인 증거가 아니라 간접적인 정황에 기대 판단한 것이다. 김재정이 매입 당시 자금 여력이 있었다는 진술이 김재정이 실제 자신의 돈으로 그 땅이나 주식을 샀다는 사실을 담보하는 것은 아니기 때문이다. 또한 이명박의 역할도 공백으로 남아 있다. 특검은 처남이 현대건설로부터 막대한 규모의 직영공사를 수차례 따낼 때 현대건설 사장과 회장으로 있던 이명박이 어떤 역할을 했는지는 규명하지 않았다. 이런 이유들로 다스는 김재정 회사라고 섣불리 답을 내리지 못하는 것이다.

국세청은 몰랐나?

남은 문제는 또 있다. 김재정이 사망한 이후에도 차명이었던 김창대의 지분은 여전하다. 김창대 몫은 그대로 남아 있다. 특검이 다스 내부의 차명 지분 사실을 외부에 알리지 않았을 뿐만 아니라 국세청에도 통보하지 않았을 가능성이 높다.

주식이나 부동산을 차명으로 보유하면 이런저런 문제가 생긴다. 부동산을 차명 보유할 경우에는 형사처벌까지 받는다. 이른바 부동산실명제법에 따른 것이다. 정확히는 '부동산실권리자명의등기에 관한 법률'이다. 명의를 빌려주고 빌린 사람 모두 처벌한다. 부동산 투기와 탈세를 막기 위해 만들었다.

주식도 차명 보유를 할 경우 세금 문제가 발생한다. 실제로 돈이 오가지도 않았는데 주식이 거래됐으니 당연히 세금 문제가 생긴다. 주식을 주고받을 때는 양도세나 증여세를 내야 한다. 차명 뒤에 숨은 사람들은 세금을 냈을 리가 없다. 세금 탈루다. 적발이 되면 안 낸 건 물론 징벌적 의미까지 더해 무거운 세금을 물어야 한다. 금융실명제법 위반에 따라 과징금을 내야 할 수도 있다. 차명 사실이 들통 나면 실명으로 전환해 주식도 정리해야 한다.

김재정이 김창대에게 차명으로 지분을 넘긴 건 1998년이다. 한국자산관리공사 자료를 보면 2011년 기준 김창대 몫 지분 가치는 59억 1161만 3200원이다. 증여세 포탈의 공소시효는 최장 10년이다. 두 사람 사이의 지분 양도가 이뤄진 건 1998년 4월이다. 특검 수사 직후 공소시효가 끝났다.

김재정의 다스 차명 지분 보유를 확인한 특검이 관련 내용을 국세청에 알렸는지는 확인할 수 없었다. 분명한 건 특검 수사 전후로 김재정과 김창대의 지분율이 바뀌지 않았다는 것이다. 특검 수사 전후로 다스 감사보고서에 나타난 두 사람의 지분율은 그대로다. 다스도 지분 변화를 공시하지 않았다.

특검이 수사를 해놓고도 차명 보유 사실을 국세청에 알리지 않았다면 가능한 얘기다. 안 그래도 다스의 진짜 주인이 이명박이다, 아니다 말들이 많은 데다 김재정이 이명박의 재산 관리인이라는 의혹이 끊이질 않는데, 김재정의 차명 보유 사실을 외부에 알렸다간 도리어 의혹을 키울 수 있다고 특검이 판단했을 수 있다. 게다가 김재정이 주식을 차명 보유하면서 내세운 김창대가 이명박과 막역한 친구라는 사실이 외부로 알려질 경우 괜한 오해를 살 수 있다고 판단했을지도 모른다.

특검이 이런 이유로 차명 보유 사실을 외부로 알리지 않았다면, 부부 사이이긴 하지만 김재정의 미망인 권씨도 남편의 차명 보유 사실을 몰랐을 수 있다. 그랬다면 김재정 사망 이후 명의만 빌려줬던 김창대 지분은 그대로 김창대 소유로 굳어졌을 것이다. 김창대는 이름만 빌려줬는데, 알짜배기 회사 주식 지분을 4퍼센트 이상 앉아서 벌어들인 셈이다.

상속세 계산도 잘못 됐을 가능성이 있다. 권씨가 남편 소유의 차명 주식 지분까지 더해 상속을 받는다면, 상속세는 더 많아진다. 국세청이 김창대 몫이 차명 지분인 줄 모르고 놓쳤다면, 받아야 할 상속세도 놓친 것이 된다.

특검이 국세청에 알렸을 수 있다. 국세청이 차명 사실을 확인했지만 김재정, 김창대 두 사람이 안 낸 세금을 다 내면서 주식을 실명 전환하고 지분율을 그대로 유지하기로 했을 가능성도 있다. 극히 드문 경우다. 비밀은 특검과 두 사람만 알고 있다. 특검은 입을 다물고 있다. 김재정은 2010년 2월 사망했다. 이제 비밀은 홀로 남은 김창대 몫이다. 김창대는 수차례 연락했지만 불통이다. 아무런 답을 하지 않고 있다.

열면 죽는 상자

특검의 발표문에 적힌 내용은 전부가 아니다. 특검이 세상에 알리지 않은 건 차명 지분 4.16퍼센트뿐만이 아니다. 다스에서 사라진 거액의 돈이 있다는 사실도 세상에 알리지 않았다. 오래전부터 서울 서초동 검찰청사 주변에선 쉬쉬하며 얘기들이 흘러나왔다. '비자금'이란 말도 있었다. '대통령 형님 회사'라는 말도 있었다. 다스의 비자금, 그것도 100억 원이 넘는 돈을 BBK 특검이 확인했다는 것이다. 그런데도 그걸 덮었다는 것이다.

당시 특검에 파견 나갔던 검사들이 원대 복귀해서 자기들끼리 만나서 한 얘기라고 그랬다. 덮은 거 밖에서 알면 큰일 나니까 함구하자고 자기들끼리 잡도리한다고 한 얘기였는데, 누가 엿들었는지 아니면 누가 흘렸는지 밖으로 새어나간 얘기라고 그랬다. 검찰이 먼저 나서서 건드리기는 어렵다는 말도 나왔다. 다스 비자금은 "여는 순간 스스로 죽는 상자"라고 했다. 특검에 파견 나갔다가 돌아온 검사들이 수두룩하니 실제로 묻어둔 비밀이 있다면 충분히 나올 법한 소리였다.

'열면 죽는 상자'는 국회에서 열렸다. 2017년 10월 국회 정무위원회 국정감사장이었다. 심상정 정의당 의원은 다스가 여러 명의 개인 차명계좌를 이용해 120억 원대의 비자금을 조성했다는 의혹이 사실로 최종 확인됐다고 주장했다. 한국자산관리공사가 제출한 자료들을 언급하며 이같이 말했다. 정부는 다스의 3대 주주다. 주식 관리 업무를 맡는 자산관리공사는 주주로서 장부열람권 등을 행사할 수 있다.

다스 비자금이 있다면 누가 조성했을까? 회사 밖으로 빼돌렸다면 누가 그랬을까? 수소문 끝에 이 비자금을 관리했다는 사람과 연락이 닿았다. 다스 협력업체였던 세광공업 경리과장을 지낸 이 모 씨였다. 세광공업은 이명박의 매제가 대표였던 회사다. 다스의 위장계열사라는 의심을 받기도 했다. 2001년 폐업했다.

전직 세광공업 경리과장 이씨는 다스의 경리팀 여직원 조모 씨와 회사 밖에서 만났다고 말했다. 첫 만남은 2003년이었다. 세광공업이 대부기공(현 다스)과 거래가 많다 보니 원래 잘 알고 지냈다고 했다. 이씨와 조씨는 각각 두 회사의 출납 담당이었다. 회사에 들어오고 나가는 돈을 관리하는 게 이들의 업무였다. 이씨는 조씨가 자신에게 대뜸 은행 봉투를 건네며 돈을 맡겼다고 말했다. 시작은 1천만 원으로 기억했다. 이후 은행 봉투에 현금 수천만 원씩을 담아왔고, 수표가 섞여 있을 때도 있었다고 한다. 이렇게 몇 달에 걸쳐 조씨에게서 건네받은 돈이 80억 원이었다는 것이다. 이씨와의 일문일답이다.

Q. 조씨가 돈을 어떻게 들고 왔나?

— 은행 봉투에 담아왔다.

Q. 흰색인가? 누런색인가?

— 누런색이었던 것 같다.

Q. 처음에 얼마를 가져왔나?

— 1천만 원인가 그랬을 거다.

Q. 1천만 원씩 해서 80억 원 되려면 800번 만나야 하는 거 아니냐?

— 아니다. 뒤로 갈수록 금액이 커졌다.

Q. 얼마씩 가져왔나?

— 2천만 원, 3천만 원 정도였다.

Q. 모두 현금이었나?

— 자기앞수표도 있었다.

Q. 몇 번 만났나?

— 그건 정확히 모른다.

이씨는 무슨 돈인지 영문도 모른 채 받았다고 했다. 무슨 돈이냐고 물어봤지만, 조씨는 "알 것 없다, 관리만 잘 해달라, 아는 사람 있으면 그 사람 계좌에다 관리해달라"고 똑같은 대답을 반복했다고 말했다.

Q. 조씨가 무슨 돈이라고 하면서 맡겼나?

— 관리를 해달라고 그랬다. 금액이 커지니까 무슨 돈이냐고 두
세 번 물었다. 그때마다 알 것 없고, 관리만 잘 해주면 된다
고 했다. 그게 다인 줄 알았다.

Q. 이해가 안 간다. 적은 돈도 아닌데, 선뜻 그렇게 돈을 맡을
수 있나?

— 세 번이나 물었는데 알 거 없다고 했다. 그래서 믿을 사람이
나밖에 없는가보다 싶어서 나름대로 계속……. 나도 많이 힘
들었다. 겁도 났다.

이씨는 조씨에게서 받은 돈 80억 원을 '관리'하기 위해 친인척들
을 동원했다고 말했다. 부모와 형, 이모 등 친인척들의 이름을 빌
려 한 명에 서너 개씩 모두 17명의 이름으로 40여 개 차명계좌를
만들어 돈을 분산했다고 한다. 자신과 김모 씨, 박모 씨, 손모 씨,
심모 씨, 정모 씨, 최모 씨, 하모 씨 등 친인척들 명의의 차명계좌
들이 시중은행과 보험사, 투자신탁회사에 만들어졌다. 이씨는 주
로 3개월짜리 단기금융상품으로 운용했다고 주장했다. 세 달짜리
상품에 넣었다가 만기가 되면 또 세 달짜리에 넣고, 그런 식으로
반복했다고 한다. 이씨는 80억 원이 5년 만에 120억 원대로 불어
났다고 주장했다.

그러다 2008년 BBK 특검이 시작되면서 광범위한 계좌 추적에

이씨와 조씨의 은밀한 거래가 들통 났다. 이씨는 특검에 여러 차례 불려가 조사를 받았다. 이씨는 조씨와 대질 조사도 한 차례 받았다고 말했다.

Q. 특검에 몇 번 소환됐나?

— 몇 번 들어갔다. 밤새 조사를 받기도 했다. 욕도 많이 들었다. 겁도 났다.

Q. 왜 욕먹었나?

— "관리를 해달라고 해서 관리했다"고 하면 검사와 수사관은 "지금 당신 장난 치냐"고 욕했다.

Q. 조씨도 같이 조사받았나?

— 처음에는 따로 불러서 조사하다가 한번은 둘이 같이 불러서 "한 사람만 대라" "누구 지시 받았나" 묻더라. 나는 아는 게 그 사람이 다인데……. 그러니까 잠시 자리를 비켜주며 조씨를 설득해보라고 했다. 내가 (조씨한테) 혹시 지시받은 거 있으면 얘기해라, 우리도 살아야 하지 않나, 이 마당에 지금 뭘 자꾸……. 그러니까 자기가 있으면 얘기하겠는데, 자기도 하다 보니까 일이 커졌다고 했다.

Q. 조씨가 돈을 맡기면서 이상은 회장이라든지 임원들 이름을 거론한 적 없나?

— 전혀 없었다.

Q. 혹시 돈 관리해주는 대가로 조씨에게서 받은 돈은 없나?

— 전혀 없다. 특검이 내 계좌랑 애기 엄마 계좌랑 다 뒤졌다. 아버지는 조사받고 3년 있다 돌아가셨다. 부모, 이모 등 다 조사받았다.

조씨는 특검 조사에서 끝까지 윗선의 지시 없이 혼자 돈을 조성했고, 하다 보니까 일이 커진 것이라고 주장했다고 한다. 이씨는 특검이 빼돌린 돈을 원래 상태로 복구시키라고 지시해 이를 그대로 따랐다고 말했다. 이씨는 금융상품을 해약하거나 명의를 다스로 바꾸는 방식으로 차명계좌에 들어 있던 돈을 모두 다스로 돌려줬다고 주장했다. 다스 회계 장부에는 미국 현지법인 'CRH-DAS LLC'에서 매출 채권을 회수한 것처럼 처리됐다.

Q. 특검 끝나고 이자까지 다스에 다 돌려준 건가?

— 있는 그대로 다 갖고 오라고 해서 돌려줬다.

Q. 어디다 반납했다는 말인가?

— 특검에 제출했다. 제출했다가 회사에 반환하라고 했다. 이자든 뭐든 다 말이다. 그래서 (경주에) 내려가서 다 해지해서 반납했다.

Q. 어떻게 반납했나?

— 다스 관계자가 나와서 함께 다니며 다 해지해서 반납했다.

Q. 현금으로 바꿨나?

— 해지해서 계좌이체한 것 같다. 현금을 들고 나온 적은 없다.

Q. 함께 다닌 사람이 누구냐?

— 다스의 관계자라 그랬다.

BBK 특검은 이렇게 끝났다. 이씨 말대로라면 특검이 17명의 차명으로 관리된 다스의 120억 원을 확인해놓고도 다스에 되돌려 놓으라고 관계자들에게 말만 한 뒤 수사를 끝냈다는 것이다. 수사가 끝난 뒤에도 돈을 빼돌렸다는 조씨도, 이 돈을 관리했다는 이씨도 아무런 처벌을 받지 않았다. 이 정도 금액이면 즉각 구속되고 중형을 살 수준이다. 회사자금을 빼돌린 조씨는 '특정경제범죄 가중처벌 등에 관한 법률(횡령)' 위반에 따른 처벌을 피할 수 없다. 이씨도 마찬가지다. '범죄수익 은닉의 규제 및 처벌 등에 관한 법률' 위반죄에 해당될 수도 있다. 하지만 아무런 처벌이 없었다. 다만 특검 수사 종료 직후 김성우 사장과 권모 전무는 퇴사했다.

Q. 조사 끝난 뒤 처벌이 없었어 이상하지 않았나?

— 특검이 끝났을 때 집도 파탄 났다. 나도 애들하고 살아야 하는데 많이 힘들었다. TV에 이명박이나 다스가 나오면 손에 땀이 났다.

Q. 조씨는?

— 회사 다니고 있더라. "어떻게 아직까지 회사 다니냐"고 묻기
　도 그렇고……. 따로 만난 적도 없다.

　경리인 조씨가 윗선 지시 없이 80억 원이나 되는 돈을 빼돌렸다
는 것은 수상쩍다. 게다가 회사가 사실을 알고 난 뒤에도 조씨에
대해 아무런 조치를 하지 않은 것은 또 다른 의심을 키운다. 의심
의 핵심은 실제 돈의 주인이 따로 있고, 그런 까닭에 조씨에게 아
무런 책임을 묻지 않았다는 것이다. 이 문제가 중요한 건 이 돈의
주인이 다스의 실제 주인일 수도 있기 때문이다.

　다스의 비자금을 들여다봤던 정호영 전 'BBK 특검'은 2018년
1월 장문의 보도자료를 내고 10년 가까이 침묵했던 사실을 털어
났다. "120억 원은 다스에서 관리하던 비자금으로 볼 아무런 증
거가 없었고 경리 여직원이 개인적으로 횡령한 자금으로 볼 수밖
에 없었다"고 밝혔다. "상사의 지시가 있었다면 이를 자백하면 사
실상 모든 책임을 덜 수 있는데도 조씨가 눈물을 보이면서 자신이
상사를 속이고 저지른 범행이라고 진술했고, 실제로 조씨의 단독
범행이 가능한 경리팀의 구조를 확인했다"는 것이다. 특검은 또
당시 다스의 김성우 사장이나 재정 담당 권모 전무도 횡령 액수가
얼마인지 전혀 파악하지 못한 듯했고, 자금을 관리하던 이씨와 이
들 사이에 통화도 없었던 것으로 파악했다고 설명했다.

　수사 결과 발표문에 이런 사실을 넣지 않은 이유에 대해서는

"MB가 다스의 주식 지분을 차명 보유한 증거가 없다고 판단했고, 수사 과정에서 발견한 여직원의 횡령 범죄 사실은 개인적 비리로 특검의 수사 대상이 아니므로, 수사 결과 발표에 포함되는 것은 적절하지 않다고 판단했다"고 밝혔다. 조씨에 대해 구속 영장을 청구하지 않은 건 "MB가 다스 주식 지분을 소유하고 있는지 여부를 수사 대상으로 하는 특검이 수사 대상과 관련이 없는 범죄 사실을 수사한다는 취지로 법원이 영장을 기각할 가능성이 매우 높다고 판단했다"면서 "조씨를 압박해 실체적 진실을 밝히도록 하는 방법을 선택했다"고 설명했다. 특검은 또 "조사한 일체의 자료를 하나도 빠짐없이 기록에 첨부하여 검찰에 인계함으로써 검찰이 필요한 경우 수사를 계속할 수 있도록 조치했다"고 주장했다.

특검은 이씨와 조씨의 범행 사실에 대해서도 자세하게 밝혔다. 조씨는 다스의 자금 관리 상태가 허술한 틈을 이용해 입사한 지 6년 정도 되던 2002년 무렵부터 검찰의 계좌 추적이 있던 2007년 10월까지 근 5년 동안 나중에 자신의 사업자금으로 쓸 목적으로 매달 일이억 원씩 대부분 수표로 조금씩 몰래 인출해 평소 친분이 있던 이씨에게 보관하도록 전달했다는 것이다. 횡령금액은 총 110억 원이고, 5년간 이자가 15억 원 불었다. 다만 생활비와 유흥비, 주택 구입비, 전세금 등의 명목으로 이씨와 조씨가 5억 원 정도를 써 특검 수사 당시 남은 돈은 120억 원 정도로 드러났다고 설명했다. 특검은 또 "수사가 시작되자 이씨가 홀로 중국 친척집으로 도피했다"고 구체적인 행적까지 거론하기도 했다. BBK 특검법은 중간수사 발표나 최종수사 발표 등을 제외하고는 수사 내용을 공표하거나 누설하는 것을 금지하고 있다. 특검이 기자회견을 자청하고 보도자료를 통해 이러한 내용까지 밝히는 건 부실 수사 의혹으로 궁지에 몰린 특검의 상황을 반증한다.

특검은 2008년 2월 21일 수사 종결 이후 10년 가까이 이런 사실을 비밀에 부쳤다. '한나라당 대통령후보 이명박의 주가조작 등 범죄 혐의의 진상규명을 위한 특별검사의 임명 등에 관한 법률', 이렇게 이름도 긴 당시 특검법은 "공소를 제기하지 아니하는 결정을 했을 경우, 공소를 제기했을 경우 (……) 10일 이내에 이를 대통령과 국회에 서면으로 보고해야 한다"(제11조)고 규정하고 있다. 특검이 국회에 제출한 보고서 「한나라당 대통령 후보 이명박의 주가조작 등 의혹 사건 수사 결과」에는 이러한 내용이 없었다. 307쪽짜리 보고서 어디에도 다스의 비자금이든 직원 횡령이든 관련 내용을 찾을 수 없었다.

특검이 특검법을 스스로 어긴 듯한 행동이 의심을 낳았다. 다스 직원 개인의 횡령이 맞다면 기소를 하든지, 검찰에 사건을 넘기든지 둘 중 하나는 제대로 했어야 하는데, 특검의 사후 조치는 어설펐다. 120억 원 횡령 건을 놓고 BBK 특검과 검찰이 수사 기록을 넘겨받았다, 아니다, 진실 공방을 벌이고 있다. 결과적으로 특검은 아무런 조치를 하지 않은 꼴이 됐다. 국세청에 과세 통보도 제대로 하지 않아 법인세 탈루도 눈감아준 셈이 됐다. 몰라서 안 한 게 아니라 알면서도 덮었다는 의혹이 나오는 이유다.

차명 지분 4.16퍼센트가 이명박이 소유가 아니더라도, 120억 원이 이명박의 비자금이 아니더라도, 다스에 투명하지 못한 부분들이 제법 있다는 건 분명해졌다. 먼저 주로 지인이나 친인척들 명의로 주식을 차명 소유하는 비상장사의 폐쇄적 경영 구조가 다스에도 있다는 사실이 드러났다. 일개 직원이 마음만 먹으면 몇 년에 걸쳐 수십억 원을 빼돌려도 아무도 모를 정도로 허술한 회계 시스템이라면 다른 사람도 돈을 쉽게 빼낼 수 있다는 걸 뜻한다. 다스의 실제 주인이라면 더 쉬운 일일지도 모른다.

이제 '열면 죽는 상자'가 열렸다. 검찰은 부실 수사 의혹이 제기된 정호영 전 특별검사에 대해 혐의가 없다고 판단했다. 문제가 됐던 120억 원은 특검과 마찬가지로 조씨의 개인 횡령이라고 결론내렸다. 하지만 검찰은 다스의 또 다른 비자금을 찾아 추적하고 있다고 밝혔다. 조씨가 횡령 적발 이후에도 회사를 다닐 수 있었던 건 또 다른 비자금에도 깊숙이 관여했기 때문으로 검찰은 보고 있다. 이 비자금의 주인이 다스의 주인일 가능성이 크다.

두 심부름꾼

한 달에 한 번은 꼭 은행을 찾아오는 VIP 손님이 있었다. 서울 서초동에 있는 '○○은행 법조타운'에서 매달 수천만 원씩 현금으로 인출해서 돌아갔다. 한 달도 거르지 않았다. 월 평균 현금으로 뽑아간 돈이 3천만 원 정도 됐다. 사람이 한 차례 바뀌었지만, 현금으로 뽑아가는 건 마찬가지였다. 5년 동안 이렇게 꺼내 쓴 현금만 15억 원에 이르렀다. 대단한 자산가들이었다.

아니, 심부름꾼들이었다. 이상은 다스 회장은 이들에게 "은행 심부름을 시켜왔다"고 말했다. 심부름꾼은 두 명이었다. 두 명 모두 이씨였다. 은행 계좌 주인은 이상은이었다. 이상은은 이렇게 심부름꾼들을 부렸다. 엄청난 돈이었다. 이렇게 매달 3천만 원씩 현금을 인출해도 이자에 이자가 쌓이다 보니 원금은 거의 줄어들지 않았다. 화수분이었다. 도곡동 땅 판 돈이 이렇게 많았다.

다스의 뿌리는 도곡동 땅이다. 도곡동 땅 판 돈이 다스로 흘러갔다. 도곡동 땅의 주인이 제3자라면, 다스에 흘러들어간 돈도 제3자 소유가 된다. 그런 다스도 제3자 소유가 되는 것이다.

BBK 특검의 수확은 있었다. 도곡동 땅과 다스의 연결고리를 밝혔다. 도곡동 땅 매각 대금 가운데 22억 9600만 원이 지분 인수 비용이나 증자대금으로 다스로 흘러갔다. 11억 8800만 원이 김재정 몫 증자금으로 쓰였고, 11억 8백만 원은 이상은 몫 증자금 등으로 사용됐다. 당시 전체 다스 자본금이 29억 8천만 원이니까 상당한 액수다. 그러니까 도곡동 땅이 누구 소유인지 밝히면 다스가 누구 소유인지도 자연스레 드러나게 된다.

도곡동 땅의 주인을 찾는 방법은 간단하다. 첫 번째, 먼저 매매 대금을 누가 치렀는지 확인하면 된다. 돈 내고 땅을 사들인 사람이 주인이다. 두 번째, 땅 판 돈을 누가 썼는지 밝히면 된다. 땅판 돈을 쓰는 사람이 땅 주인이다. 간단하긴 한데, 워낙 오래전 일이라는 게 속을 썩였다.

도곡동 땅을 '이상은' '김재정' 명의로 사들인 게 1985년이다. 30년도 더 된 일이다. 검찰, 특검 수사가 한창이던 2007년 무렵부터 따져도 20년도 더 된 일이다. 옛날 옛적 일이다. 계좌 추적 기간은 5년이다. 금융기관 자료 보존 기한이 5년이라서 그렇다. 보존 기한이 5년이라고 해서 5년 지난 자료를 싹 다 폐기해버리는 건 아니다. 찾겠다고 찾으면 찾을 수도 있다. 하지만 도곡동 땅 수사는 달랐다. 은행 입출금 내역 등 객관적인 증빙 자료가 폐기돼 남아 있지 않았다. 특검은 "매입자금 자체는 1985년이라 오래전 일이고 매입자금 영수증, 계약서 등이 보존돼 있지 않아 김칠도 우리도 확인할 수 없었다"고 밝혔다. 땅값을 낸 사람을 추적하지 못하면, 땅 주인을 찾을 수 없다. 첫 번째 방법은 사실상 실패했다.

두 번째 방법이 남았다. 땅 판 돈은 한 번 추적해볼 만했다.

1995년 땅을 팔았다. 10년 정도만 거슬러 올라가면 된다. 벌어들인 돈도 엄청나 찾기도 쉽다. 263억 원이다. 이 돈을 쓰는 사람이 땅의 임자다. 그런데 암초에 부딪힌다. 심부름꾼이 등장한다. 꼬리가 없는 현금으로 은행에서 돈을 인출해 쓴다. 현금은 흔적을 남기지 않는다. 심부름꾼들이 찾아온 이 돈을 누가 썼는지는 불분명하다. 한두 푼도 아니고 수천만 원을, 그것도 심부름을 시켜서 매달 현금으로 인출해 쓰는 것도 수상쩍다. 이상은 다스 회장이 그랬다.

엇갈린 재테크 성적

김재정과 이상은은 도곡동 땅 판 돈 200억 원을 각각 100억 원씩 금융상품을 통해 굴리기 시작했다. 방법은 달랐다. 당시 40대였던 김재정은 주식에 거액을 투자하는 등 공격적으로 자금 운용을 했다. 당시 환갑을 지난 이상은은 원금을 잃지 않는 보수적인 투자에 나선다.

성공한 건 이상은이었다. 이상은은 만기 5년의 비과세 저축성 보험상품을 통해 100억 원을 5년 만에 157억 4,800만 원까지 불린다. 5년 수익률이 57퍼센트를 넘어섰다. 이상은이 가입한 저축성 보험상품은 금융소득종합과세가 면제되는 상품으로, 당시 고

178

액자산가들에게 인기 있던 상품 중 하나였다. 1996년부터 금융소 득종합과세가 실시됐다. 당시만 하더라도 부부의 금융소득이 연 간 4천만 원을 넘을 경우 근로소득이나 다른 소득에 합산돼 누진 세율이 적용됐다. 절세 상품에 가입했던 것이다. 이상은은 다시 이 돈을 증권사 MMF(Money Market Fund)에 묻어두고 방어적인 투자를 이어간다. MMF는 초단기로 채권에 투자해 수익을 올리는 상품이다. 은행 예금보다는 수익률이 낮지만 돈을 잃을 위험은 거 의 없다. 요즘 MMF 수익률은 연 1퍼센트대다.

반면 김재정은 금융상품에 가입한 100억 원을 담보로 40억 원 가까운 대출까지 받아가며 주식 투자에 나섰다. 금융상품을 좀 안 다는 '선수'들만 한다는 선물 거래도 했다. 결과는 신통치 않았다. 벌기도 했지만 많이 잃었다.

특검 수사에서 드러난 김재정과 이상은의 재테크 성적표는 이 상은이 뛰어났다. 2007년 잔액은 이상은이 151억 원, 김재정은 회원권 15억 원을 포함해 119억 원이었다. 1985년 각각 7억 8천 만 원씩 투자한 결과가 이렇게 나타났다.

이렇게 벌어들인 돈을 누가 썼는지 추적하면 도곡동 땅의 실제 주인을 알 수 있다는 게 검찰과 특검의 생각이었다. 김재정은 본 인이 많이 썼다. 주식도 하고 선물도 하고 부동산도 샀다. 성공과 시련도 있는 통상적인 투자자의 모습이었다. 이상은은 달랐다. 돈 을 MMF에 묻어두고 곶감 빼먹듯 이자만 쏙쏙 빼먹었다. 죄다 현금으로 뽑아 썼다. 이 돈은 이상은 자신이 인출하지 않았다.

이 돈을 인출한 사람은 따로 있었다. 이영배와 이병모다. 통화 기록이 조회된 1년 동안 두 사람은 이상은과 전화를 걸거나 받은 적도 없었다. 이상은과 통화도 하지 않는 사람들이 이상은 계좌에서 매달 현금을 인출했다. 이상은이 해외에 나가 있을 때도 돈을 인출했다. 여기서부터 의심은 시작됐다. 돈을 실제로 쓴 사람은 이상은이 아니라 제3자라는 의심이다. 도곡동 땅 매각 대금을 실제로 쓴 사람이 제3자라면 도곡동 땅의 주인도 제3자가 된다. 돈을 인출한 사람은 찾았지만, 이들과 이상은이 연락한 흔적은 없었다. 두 사람은 수사에 제대로 응하지도 않았다. 검찰은 2007년 8월 중간 수사 결과를 발표한다. 한나라당 대선 후보 경선을 일주일 정도 남겨뒀을 때였다. "도곡동 땅 이상은 지분은 제3자인 것으로 보인다"는 게 검찰의 발표였다. 제3자는 당시 이명박 후보로 해석됐다.

정치권이 발칵 뒤집혔다. 은행 심부름을 했던 두 명의 이씨가 잇따라 기자회견에 나섰다. 먼저 이병모가 이상은과 함께 얼굴을 드러냈다. 이상은이 먼저 말문을 열었다. "우리 형제는 일하는 데 힘을 써도 돈을 주고받지 않는다"며 "이 모든 것은 내 재산"이라고 강조했다. "나이가 들어 모든 것을 관리할 수가 없어 오랜 동업자인 김재정 회장에게 도곡동 땅 매각 대금을 관리해달라고 했고, 김재정 회장이 믿고 쓰는 이영배와 이병모씨에게 은행 심부름을 시켜왔다"고 설명했다. 기자회견에 함께 나온 이병모도 그 돈이 어디에 쓰였는지는 알지 못하지만 "이상은 회장과 이 회장 아들 그리고 김재정 외에 돈 심부름을 한 곳은 전혀 없다"고 주장했다. 다음은 이병모의 당시 기자회견 일문일답이다.

> Q. 현금을 찾아서 모두 이상은이나 아들에게 전해줬나?
> ― 그렇다. 안 계실 때는 금고에 넣어뒀다.
> Q. 계좌이체는 단 한 번도 없었나?
> ― 세금 낼 때를 제외하고는 전혀 없었다.
> Q. 이명박 후보를 만난 적은 없나?
> ― 만난 일이 별로 없다. 예전에 영포빌딩에 왔을 때 본 적은 있다.

이병모는 이명박 후보에 대해선 "만난 일이 별로 없다"고 선을 그었다. 영포빌딩은 당시 이명박 소유의 빌딩이다. 이병모는 이 빌딩을 관리하는 이명박 회사에서 일하고 있었다.

또 다른 심부름꾼 이영배도 이틀 뒤 검찰의 수사 결과 발표에 반박하는 기자회견에 나섰다. "이상은 회장이 도곡동 땅 매각 대금을 증권사에 맡길 때 처음 계좌 개설을 도와줬고, 이상은 회장의 부탁으로 몇천만 원씩 인출해 전달하는 은행 심부름을 서너 차례 해줬다"고 주장했다. 하지만 그 돈이 어디에 쓰였는지는 모른다고 말했다. "이상은 회장이 심부름을 시켜 찾은 돈을 어디에 사용하는지 물어볼 입장도 아니었고, 이상은 회장이 어디에 쓴다고 알려줄 필요도 없었다"는 것이다. 두 심부름꾼의 말을 종합하면 인출한 돈을 이상은에게 전달해준 건 맞지만, 자신들의 역할은 거기서 끝났다는 것이다. 이명박에게 돈이 건네졌는지 아닌지도 모른다는 것이다. 특검이 두 심부름꾼의 역할을 파고들었다.

전임자와 후임자

특검은 이상은의 ○○은행 법조타운 계좌 5년치 입출금 내역을 훑었다. 돈을 인출한 사람은 두 명, 이영배와 이병모였다. 이영배가 전임자, 이병모가 후임자였다.

시작은 이영배였다. 2002년 7월부터 2004년 3월까지 현금 인출을 도맡았다. 이영배는 특검에서 매달 3천만 원씩 찾아 이상은에게 전달했다고 말했다. "사무실에 은행 출금 전표를 보관하고 있다가 출금 전표에 금액을 기재하면 이상은 회장이 도장을 찍고 이를 통장과 함께 은행에 가져가 돈을 인출했다"는 것이다.

2004년 3월 이영배와 이병모의 인수인계가 이뤄졌다. 이영배가 사업차 경주로 내려가자 후임은 이병모가 맡았다. 이병모도 한 달에 한 번, 3천만 원씩 인출했다. 그러다 2005년 2월부터는 1회 1

천만 원으로 금액을 줄여 한 달에 세 번, 3천만 원을 출금한다. 이병모는 이상은이 그렇게 시켰다고 진술한다. 이상은이 2천만 원을 현금으로 인출하면 금융정보분석원(FIU)에 통보된다는 언론보도를 보고 "앞으로 1천만 원씩 뽑아라"라고 지시했다는 것이다.

하지만 1천만 원 이하로 잘게 쪼개서 인출한다고 해서 금융정보분석원의 감시망을 피할 수 있는 건 아니다. 소액이라도 이상은처럼 정기적으로 인출하면 금융정보분석원 의심 리스트에 이름이 올라간다.

인출 금액만 바뀌었을 뿐이지 하는 일이 달라진 것은 아니다. 이병모는 이상은이 외국으로 출국할 경우에도 심부름은 거르지 않고 했다. 인출한 현금은 보통 이상은에게 직접 전달했다는 게 이병모의 특검 진술이다. 이상은이 자리에 없을 경우에는 자신이나 자신이 수행하던 김재정의 금고에 넣고 보관하고 있다가 나중에 전달했다고 진술했다. 하지만 이상은이 이 돈을 어떻게 쓰는지는 모른다는 것이다.

두 심부름꾼이 이상은에게 전달했다는 건 전액 현금이다. 이들의 말이 사실이라면 돈의 최종 목적지를 아는 건 이상은뿐이다. 이상은은 특검 조사에서 "모두 내가 썼다"고 주장했다. "유흥비, 문중 행사비 지원, 해외 출장비, 아들 사업 비용 보조, 운전기사 용돈 지급 등으로 한 달에 쓰는 현금만 하더라도 3천만 원"이라고 진술했다. "경주 이씨로, 지역을 기반으로 둔 문중의 일원이자 매출 수천억 원에 이르는 다스 회장으로서 접대비를 주로 현금으로 쓴 게 상당하다"고도 말했다. 5년 동안 15억 원을 자신이 다 썼다면서 이상은은 자신의 엄청난 소비력을 강조했다. 거기에다 신용카드 사용액도 연평균 4천만 원이 넘었다. 이렇게 현금으로 인출한 돈 가운데 6억 원을 서울 구의동 자택 붙박이장에 보관해두다 조카 이시형에게 빌려줬다는 게 훗날 내곡동 특검 때 진술이었다.

이상은의 운전기사 김종백도 특검 조사에서 "이상은 회장이 쇼핑가방이나 신문지로 포장된 돈을 받아 차량에 실었다. 이를 한 달 동안 썼다"고 거들었다. 현금은 꼬리를 남기지 않는다, 이를 추적할 방법도 마땅찮다. 두 심부름꾼의 돈이 실제로 이상은에게만 전달됐는지, 이상은이 이 돈을 혼자 다 썼는지 밝히기 어렵다. 그렇다고 말만 쫓다 보면 수사는 실패한다.

그날 가회동으로 간 이유는?

이명박과 "만난 일이 별로 없다"고 대답한 이병모는 이명박의 가회동 자택을 들락날락할 정도로 이명박과 가까운 인물로 밝혀졌다.

특검은 이병모의 1년치 휴대전화 사용 위치를 조회했다. 2006년 8월부터 2007년 7월까지가 조회 기간이었다. 현금을 인출한 날

누구를 만나는지 밝히는 게 수사의 관건이었다. 2006년 10월 24일 이병모가 현금을 인출한다. 이후 강북에서 이병모의 휴대전화가 울렸다. 강북으로 이동한 것이다. 이날 이상은의 심부름꾼 이병모가 이명박을 만난 것으로 의심됐다.

당시 이명박 자택은 서울 종로구 가회동에 있었다. 이상은의 현금을 인출한 심부름꾼이 서초동에서 가회동으로 이동했다. 이상은 회장의 돈을 쓴 제3자가 이명박일 수 있다는 가능성을 배제할 수 없게 됐다. 이병모는 이명박의 회사 대명기업 직원이기도 했다.

특검의 추궁이 이어졌다. 이병모는 당일 이명박의 자택을 방문한 사실을 인정한다. 하지만 인출한 현금을 이명박에게 전달한 사실은 없다고 부인한다. 그 무렵 이명박 자택에 하루 두 차례씩 협박 전화가 걸려와 그 일로 가회동 집을 들렀다는 것이다. 협박 전화가 걸려온 일이 있었다는 건 사실이었다. 10월 21일부터 25일까지 가회동 집에 하루 두 차례씩 닷새 동안 전화를 걸어와 "대선 출마 땐 총으로 쏴 죽이겠다" "교회를 정치에 이용하지 말라"고 협박한 김모 씨가 경찰에 구속됐다는 기사도 났다. 이명박이 서울시장 임기를 마치고 대선 출마를 저울질하고 있던 때였다.[*] 이병모가 이상은의 현금을 인출한 뒤 이명박의 가회동 자택을 방문한

※ 「"대선 출마 땐 죽이겠다" 이명박 前 시장 협박범 영장」,《경향신문》, 2006년 10월 27일.

날이 10월 24일이었다.

이병모가 현금을 인출한 날 강북으로 이동한 건 이 날뿐만이 아니었다. 이병모는 1년 동안 스물여덟 차례 현금을 인출했다. 이병모의 휴대전화 사용 위치를 파악했더니 대부분 현금을 인출하고 난 뒤 영포빌딩이 있는 서울 서초동에 있는 것으로 파악됐다. 그 가운데 여섯 차례는 현금을 뽑은 날 강북으로 이동한 것으로 확인됐다. 몇 차례는 이병모가 이명박을 만난 것도 확인됐다. 하지만 이병모는 이상은의 현금을 전달한 사실은 없다고 부인한다. 이명박에게 영포빌딩에서 수금한 관리비를 전달하기 위해 만났거나 집수리 같은 심부름차 자택을 방문했다고 주장한다.

"이명박을 만나긴 했지만, 이상은 회장의 현금을 전달한 적이 없다"는 이병모의 진술을 깰 만한 증거가 특검에는 없었다. 이병모가 입을 열지 않는 이상 돈의 행방을 알 수 있는 방법은 없었다. 특검은 도곡동 땅 매각 대금이 최종적으로 입금된 이상은의 ○○은행 법조타운 계좌는 사실상 이상은이 관리하며 본인이 쓴 것으로 판단했다. 도곡동 땅 판 돈을 이상은이 썼으니 도곡동 땅도 이상은 회장 소유였다는 게 특검의 최종 판단이었다.

도곡동 땅을 함께 사들인 이상은과 김재정, 심부름꾼 이영배와 이병모, 그리고 이명박은 현금과 부동산을 놓고 얽히고설킨 관계다. 이영배와 이병모 두 명 모두 이명박의 처남 김재정이 운영하던 세진개발에서 일했다. 세진개발 사무실은 이명박이 소유했던

186

영포빌딩에 있었다. 이상은 회장이 경영하는 다스 서울사무실도 영포빌딩에 있었다. 처남과 큰형의 사무실이 이명박 빌딩에 있었고, 두 심부름꾼은 처남 사무실에서 일하면서 큰형 현금을 은행에서 인출했다.

특히 이병모는 나중에 영포빌딩을 관리하던 대명기업으로 회사를 옮긴다. 이병모는 이명박의 회사를 다니면서 이명박 자택을 들락날락하며 집수리 같은 심부름도 한다. 또 김재정의 휠체어도 밀고 다니며 수행비서 역할을 하며 궂은일을 마다하지 않는다.

이병모는 이후 청계재단 사무국장으로 자리를 옮겼다. 청계재단 사무실도 영포빌딩에 있다. 2018년 1월 영포빌딩 지하 2층 비밀창고에 대한 검찰 압수수색에서 이명박이 다스를 챙겨온 정황을 보여주는 서류는 물론 이명박 정부 청와대 대통령 기록물이 무더기로 쏟아져나왔다.※ 이병모는 "인터뷰를 하지 않는다"며 어떤 질문인지 듣지도 않고 답변을 거부했다. 이병모와 이명박, 이상은, 김재정의 정확한 관계에 대해서 들을 수 없었다. 경주에 내려간 이영배는 다스의 협력업체 금강의 대표이사로 재직하고 있다. 두 이씨는 지금까지도 이명박 일가 곁에 머물러 있다. 그러다 최근 검찰에 구속됐다.

이상은의 운전기사였던 김종백은 다스를 떠났다. 18년간 이상

※ 「MB '비밀창고' 털렸다… 결정적 증거 나왔나」, 《MBC뉴스데스크》, 2018년 1월 26일.

은을 모셨다는 김종백은 방송과 지면에 나와 "다스는 이명박 전 대통령의 소유가 맞다"고 주장하고 있다. 특검 조사에서 이상은 이 심부름꾼들에게서 도곡동 땅 매각 대금을 어떻게 받아서 어떻게 썼는지 진술했던 인물이 바로 김종백이다. "이상은이 도곡동 땅 매각 대금을 차량에 싣고는 유흥비, 환전 비용, 개인 사비 등으로 다 썼다"고 특검에 진술하며 이상은을 거들기도 했다. 김종백은 최근 MBC와 인터뷰에서 자신이 특검에서 했던 진술을 뒤집었다.[*] "이상은 회장이 현금을 차 트렁크에 신문지에 싸서 싣고 다녔다는 건데 그건 다 거짓말이다. 절대 현금 안 쓴다"고 말했다. 김종백은 반문했다. "이상은 회장이 안 썼으면 그 돈을 누가 썼겠냐"고 되물었다.

이상은, 이병모, 김종백 세 사람은 2017년 8월 14일 한자리에 있었다. 이상은 몫의 서울 도곡동 땅이 제3자의 것으로 보인다는 검찰 중간수사 결과 발표를 반박하는 기자회견 자리였다. 이상은은 도곡동 땅이 남의 재산이라면, 이 땅을 판 돈으로 사들인 다스 또한 남의 회사라는 말이냐며 검찰 수사에 대해 강하게 반발했다. 이병모도 이상은과 함께 나와 김재정 밑에서 일하다 동업자인 이상은의 은행 심부름도 맡게 된 것뿐이라고 설명했다. 운전사 김종백은 곁에서 이상은을 수행하고 있었다. 그리고 10년이 넘는 시간

---

[*] 「다스 전 운전기사 "BBK 특검에서 거짓 진술"」,《MBC뉴스데스크》, 2017년 12월 30일.

이 흘렀다. 김종백은 자신의 말들을 뒤집고 있다. 세 사람의 운명
이 엇갈리고 있다.

'실소유주: 이명박'

이명박이 도곡동 땅의 주인이었다면 이를 뒷받침할 결정적인 증거가 있다. 실물이 세상에 공개된 적은 없다. 존재한다면 최순실의 태블릿 PC처럼 '스모킹 건(smoking gun)'이 될 수도 있다. '실소유주: 이명박'이라고 적혀 있었다는 포스코건설 문건이다. 포스코건설은 도곡동 땅을 이상은과 김재정에게 사들인 회사다. 그 회사 문건에 '실소유주: 이명박'이라고 적혀 있었다면 더 이상 말해 뭘 하겠는가.

이 문건을 봤다는 사람의 기억은 이렇다. 가물가물하다지만, '이명박' 그리고 '실소유주'라는 글자는 확실히 봤다는 것이다. 불완전한 기억에 손을 댈 것 같아 이 사람의 말을 그대로 옮긴다.

내가 얘기한 건 '전표'만 말하는 게 아니라, 그 안에 실소유주 여부를 밝히는 다른 문건들이 같이 있었던 것 같다. 일일이 하나씩 다 보지는 않았는데, 한 장이 아니라 철할 정도로 다른 서류도 제법 있었다. (……) 중간에 뭘 쓸 수 있는 흰 난이 있다. 그 위에도 난이 있고. 그 위의 철에 지번이 있었고, 도곡동 몇 번지, 몇 번지 이렇게 있었다. (……) 네 필지인가 그렇다. (……) 나도 기억이 가물가물한데, 하여튼 지금도 생각나는 건 그 당시

에 중간에 '실소유주 땡땡 찍고 이명박(실소유주: 이명박)'이라고
손 글씨로 적혀 있었다. 누가 적은 거다. 짐작해보면 전표라든
지 등기부등본일 수도 있다. 뒤에 관련된 서류들이 제법 여러 장
이었다. 그걸 같이 철한 문건이지 하나가 아니었다.

  안원구 전 서울지방국세청 국장의 기억이다. 안원구는 2007년
7월부터 2008년 3월까지 대구지방국세청장으로 있었다. 대구청
은 당시 관내 포스코건설 정기 세무조사를 실시했다. 안원구 자신
이 청장실에 앉아 있는데, 포스코건설 세무조사에 참여하고 있던
장모 국장, 안모 과장, 우모 반장이 굳은 얼굴로 방으로 들어오더
니 탁자 위에 서류철을 올려놓았고, 그 안에서 '실소유주: 이명박'
이란 손글씨를 봤다는 것이다. 어떻게 처리할지 물어보는 부하 직
원들에게 없었던 일로 하라고 단단히 교육시키고, 보안을 당부했
다는 게 안원구의 주장이다.

  정기 세무조사는 5년 이내에 한 번씩 하게 돼 있다. 포스코건설
에 대한 세무조사가 2007년에 들어가긴 했지만, 조사 대상 연도
는 2002년과 2003년이었다. 안원구의 주장대로라면 어찌된 영문
인지 1995년 서류가 끼어들어온 것이다. 문제의 도곡동 땅이 포
스코개발에 팔린 게 1995년이었다. 공교롭게도 세무조사 시기는
대통령 선거를 앞두고 한나라당 이명박, 박근혜 두 후보 간 경선
이 치열할 때였다. 박근혜 후보는 연일 도곡동 땅의 임자가 이명

박이라는 의혹을 쏟아냈다. 문건이 공개되면 국세청이 정치적 소용돌이 한가운데에 휘말리는 건 불 보듯 뻔한 일이었다. 안원구가 본 문건이 사실이라면 말이다.

안원구는 '실소유주: 이명박'이라고 적혀 있던 문건 철을 '영치'해온 그대로 서류 상자에 넣어 포스코건설에 돌려주라고 지시했다고 주장했다. 검찰이 하는 게 '압수'고, 국세청이 하는 건 '영치'다. 영치한 물건은 조사가 끝날 때까지 갖고 있을 수 있다. 영치한 문건 철을 그대로 돌려줬다면, 도곡동 땅의 주인이 누군지 가려줄 결정적 증거가 지금도 포스코건설 어딘가에 있을 것이다. 포스코건설이 문건을 폐기하지 않았다면 그럴 것이다.

'실소유주: 이명박'이라고 적힌 문건 철의 존재는 얽히고설킨 국세청 고위층들의 비리와 의혹들이 밖으로 알려지는 과정에서 함께 세상에 드러났다. 2008년 당시 전군표 전 국세청장은 부하직원에게서 인사 청탁과 함께 8천만 원을 받은 사실이 드러나 구속 수감 중이었다. 남편 전군표의 옥바라지를 하던 부인이 화랑을 찾아 그림 한 점을 내놓았다. 한국 추상 미술을 대표하는 고(故) 최욱경 화백의 〈학동마을〉이었다. 그 화랑은 안원구 당시 서울지방국세청 국장의 부인이 운영하고 있었다. 어디서 샀냐는 질문에 전군표 부인은 "한상률 청장이 차장 시절에 선물로 줬다"고 말했다. 이후 이 사실이 외부에 알려지면서 한상률 전 국세청장이 전군표 당시 청장에게 그림을 상납한 것 아니냐는 의혹이 일었다. 그리고 안원구는 세무조사 무마를 대가로 부인이 운영하는 화랑에서 그림을 사달라고 기업들에 강요한 혐의로 구속됐다. 장외에서는 안원구 부인이 "한상률 전 청장이 승진을 미끼로 남편에게 3억 원을 요구했다"고 폭로했다. 이런 와중에 구속 직전 안원구가 평소 친분이 있던 주호영 당시 특임장관에게 보낸 편지가 공개된 것이다.

2007년 7~8월경 대구청장으로 있을 때 P 기업의 정기 세무조사 과정에서 VIP와 관련된 '○○동 땅'에 대한 내용의 문건을 우연히 발견했다는 직원들의 보고를 받은 적이 있다. 당시 그 내용은 대선을 앞두고 매우 민감한 사안이었다. 그 문건은 P 기업이 내부적으로 작성한 것인데 물건을 본 순간 너무 당황했다. 그러나 그 내용은 당시 대구청이 실시한 정기 세무조사의 본질과 관련이 없고, 또 공무원이나 공무상 취득한 정보가 외부로 유출될 경우 엄청난 정치적 풍파가 일어날 것으로 판단해 담당 직원들에게 철저한 보안 유지를 지시했다. 이 일은 결과적으로 당시 대선을 앞두고 있던 지금은 VIP에게 유리하게 작용했다.

여기서 P는 포스코건설, ○○은 도곡, VIP는 이명박을 뜻한다. 요약하면 자신이 철저한 보안을 지시해 '실소유주: 이명박' 문건의 외부 유출을 막았고, 결국 이명박의 대통령 당선에 도움을 줬다는 것이다. 안원구의 편지는 살려달라는 구명 편지이자 한편으론 자신이 입을 열면 큰일 난다는 경고 편지로 해석됐다. 정치권으로 넘어간 편지는 해묵은 도곡동 땅 논란에 다시 불을 지폈다.

안원구 말대로라면, 문건을 본 사람은 자신 말고도 세 사람이 더 있다. 당시 국장, 과장, 반장으로 있던 장씨, 안씨, 우씨다. 2009년 당시 수소문해 세 명 모두에게 안원구가 말한 문건을 봤는지 물어봤다. 다들 처음 듣는다는 반응을 보였다.

　— 출금 전표, 입금 전표 등을 말하는 것 같은데, 나는 전표를 본 적이 없다. 금시초문이다.
　— 전혀 알 수 없다. 기억도 없다.
　— 그런 문건이 어디 있나? 전표라고 하는 게?

2011년 검찰은 한상률 전 국세청장을 '그림 로비' 혐의로 기소하며 도곡동 땅 문건에 대한 수사 내용도 함께 발표한다. 검찰은 포스코 세무조사 당시 국세청 직원들을 모두 조사했지만 문건을 본 사람이 아무도 없고, 안원구의 기억도 정확하지 못하다는 이유를 들어 문건 의혹은 사실이 아니라고 결론 낸다. 이와는 별개로 한상률은 대법원에서 무죄를 받았다.

안원구는 이에 대해 "현직 대통령이 관련된 사건에 대해 현직 세무공무원이 순순히 진술해줄 것을 기대하기는 어렵고, 정치적으로 민감하다고 생각해 복사나 기록을 하지도 않고 빨리 덮어버

렸기 때문에 그저 단 한 차례 보았을 뿐인 문건 내용을 정확히 기억하지 못하는 것이 오히려 자연스러운 일"이라고 반박했다.

안원구의 기억이 맞다면, 함께 봤다는 국세청 직원들 말고도 증인은 또 있을 수 있다. 땅을 매입한 포스코건설 측도 도곡동 땅의 주인이 누군지 알고 있을 것이다. 그중에 누군가가 손으로 '실소유주: 이명박'이라고 썼을지도 모른다.

포스코건설은 도곡동 땅을 사고도 4년 동안 아무런 개발도 하지 않고 묵혀뒀다. 홍보관 하나만 지었다. 263억 원이나 주고 산 땅이다. 감사원은 1998년 포스코건설의 모기업인 포항종합제철에 대한 경영 실태 감사에 나섰다. 감사원은 "이 땅은 일반주거지역이어서 건폐율과 용적률의 제한이 심하고, 땅의 7분의 1은 도시계획시설 도로에, 10분의 1은 도시계획 도로에 편입돼 사업 타당성이 없다"고 지적했다. 도대체 쓸모없는 땅을 왜 샀는지 모르겠다는 것이다. 감사원 보고서에는 김만제 당시 포항종합제철 회장의 문답서도 실려 있다. 김만제가 도곡동 땅의 실소유주가 이명박이라는 것을 알고 있다는 내용이다.

> Q. 위 부지의 실질적인 소유자가 이명박씨라는 것을 알고 계십니까?
> — 네, 알고 있습니다.
> Q. 언제, 어떻게 아셨습니까?

— 김○○ 상무가 위 부지를 매입했다고 보고하면서 얘기해 알
았습니다.

《감사원 문답서》, 1998년 10월 29일 작성

　도곡동 땅 매입에 관여했던 포스코건설 전현직 임직원들의 증
언도 나왔다. "김만제 회장의 지시나 권유에 따라 매입했다" "당
초 아파트 부지로 평당 1천만 원에 매수를 검토하다가 가격 조건
이 맞지 않고 수익성이 없어 단념했는데 모기업인 포철 고위 관계
자에게서 가격까지 265억 원으로 지정해 매수하라는 지시가 있어
흥정도 없이 비싸게 샀다"는 내용이었다. 매매를 사실상 김만제
당시 회장이 결정했다는 것이다. 김만제가 도곡동 땅의 주인이 이
명박이라는 걸 알면서 매입 가격까지 정해 땅을 사들인 것으로 의
심됐다.
　김만제는 BBK 특검 수사에서 자신의 말들에 대해 이렇게 해명
한다. "도곡동 땅이 이명박 것이라는 소문이 있다"는 걸 들어서
안다는 취지로 말했다는 것이다. 그런 '소문'을 안다는 거다. 특검
은 또 265억 원으로 지정해 매수하라는 상사의 강압이 있었다는
진술과 가격 흥정을 하며 매입 대금을 깎았다는 상반된 진술이 있
었지만, 후자가 더 설득력이 있다고 손을 들어줬다. 부동산중개인
도 "가격 흥정이 있었다"고 진술하는 데다. 검찰 수사에서 "상사

의 강압이 있었다"고 진술한 전직 임원은 출국해 특검의 소환에 불응했기 때문이다.

'실소유주: 이명박' 문건의 존재 여부가 관심을 끄는 건 안원구의 진술이 상당히 구체적이라는 점이다. 진술이 엇갈리긴 하지만 "상사의 강압이 있었다"는 포스코건설 전직 임원 증언도 안원구의 주장을 뒷받침한다. 안원구가 이명박과 아무런 이해관계가 없다는 점도 진술의 신빙성을 높인다. 거짓말이라면 지방청장까지 지낸 사람이 자신이 살기 위해 현직 대통령을 걸고 엄청난 도박을 한 셈이다. 또 "태광실업 세무조사에서 직권남용이 있었다"는 안원구의 또 다른 폭로가 점차 사실로 드러나고 있다는 점도 문건의 존재 가능성을 높인다.

정치적 논란이 된 과거 세무조사를 들여다보고 있는 국세행정개혁TF는 2017년 11월 중간결과를 발표하며 태광실업 특별세무조사 때 "조사 과정 전반에서 중대한 조사권 남용이 있었을 것으로 합리적 의심을 할 수 있다"고 밝혔다. 2008년 '박연차 게이트' 수사의 단초가 된 태광실업 세무조사는 검찰 수사로 이어졌고, 이 과정에서 노무현 전 대통령이 박연차 회장 측에게서 돈을 받은 의혹이 불거져 나왔다. 노무현 전 대통령은 이와 관련해 검찰 조사를 받다가 이듬해 스스로 목숨을 끊었다.

구속 수감됐던 안원구는 2011년 대법원에서 징역 2년, 추징금 4억 원이 확정됐다. 지인에게 세무사를 소개시켜준 대가로 금품을 받았다는 혐의 등이 유죄로 인정됐지만, 이른바 '그림 강매'는 무죄로 혐의를 벗었다. 안원구는 2017년 말부터 국민재산되찾기 운동본부 집행위원장으로 있으면서 '플랜다스의 계'를 조직하고 있다. 다스의 주인을 확인하기 위한 계획, 플랜(Plan)이라서 플랜다스이고, 그 모임을 '계'라고 불러서 '플랜다스의 계'가 됐다. 십시일반 돈을 모아 다스의 주식 지분 일부, 약 3퍼센트를 직접 사서 다스 주인이 누군지 그 내부를 들여다보자는 게 목적이다. 도곡동 땅의 비밀을 봤다고 주장한 안원구가 다스의 비밀을 들여다보겠다고 나선 것이다.

도곡동 땅은 의혹의 출발역이자 종착역이다. 의혹들을 쫓아가다 보면 어김없이 도곡동 땅에 도착한다. 도곡동 땅은 내곡동 땅 의혹의 뿌리이기도 하다. 이명박의 맏형 이상은이 조카 이시형에게 빌려줬다는 6억 원 역시, 이상은이 그 출처를 도곡동 땅 매각 대금으로 주장했기 때문이다. 그래서 도곡동 땅은 '판도라의 상자'다. 도곡동 땅의 실소유주가 이명박으로 드러나면 도곡동 땅에서 갈라져 나온 의혹의 일부나 전부가 사실로 확인된다. 먼저 이명박이 아들 이시형 명의로 내곡동 사저 부지를 사면서 도곡동 땅을 팔고 숨겨놓은 돈을 불법으로 증여한 꼴이 된다. 다스도 이명박이 투자한 회사가 되고, BBK 주가조작에서도 이명박은 자유로울 수 없게 된다.

안원구의 주장이 사실이라면 도곡동 땅 주인을 밝힐 단서가 포스코건설 안 어딘가에 있을 수도 있다. 줄줄이 엮인 이 모든 의혹들을 밝힐 단서다. 그러나 애초부터 '실소유주: 이명박' 문건은 없었을 수도 있다. 분명한 건 그 문건을 봤다는 제3의 사람이 아직 등장하지 않고 있다는 것이다.

선거 뛴 다스 과장

국회의원 전직 비서가 검찰 수사망을 피해 달아났다. 홍콩을 거쳐 캐나다로 도피한 이 전직 비서가 도마에 올랐다. 1996년 10월 2일, 국회 법제사법위원회 서울고검·지검 국정감사장이었다. 검찰에 대한 질타가 쏟아졌다. 전직 비서의 해외 도피로 검찰은 국제경찰, 인터폴만 쳐다보는 신세가 됐다. 캐나다로 숨은 해외 도피자는 얼마 전까지 이명박 국회의원의 비서로 있던 김유찬이었다.

이명박은 1996년 4월 정치 1번지 종로에서 정치 거물들을 꺾고 재선에 성공했다. 상대는 내리 4선을 한 당시 이종찬 의원과, 5공 청문회 스타인 노무현 의원이었다. 이명박 회장이 민자당 전국구 의원으로 정계에 진출한 뒤 지역구에서 재선까지 성공하며 정치인으로 화려한 변신에 성공하는 듯했다. 영광은 짧았다. 이명박 의원의 6급 비서였던 김유찬이 갑작스레 양심선언이라며 이명박이 선거에서 엄청난 돈을 쏟아부었다고 폭로했다. "쓴 돈이 적어도 6억 8천만 원"이라고 주장했다. 당시만 하더라도 서울 강남 대치동의 30평형대 아파트 값이 2억 원 정도였다. 강남 아파트 서너 채 가격에 해당하는 돈을 선거에 쏟아 부었다는 이명박 측근의 폭로였다. 이명박 측은 김유찬이 5급 비서관직을 요구했지만 받아들여지지 않자 앙심을 품고 거짓 폭로를 했다고 주장했다. 정치권이 들썩였다. 그랬던 김유찬이 갑자기 자신의 잘못을 뉘우친다는 내용의 편지를 이명박에게 남기고 몰래 출국한 것이다. 사람은 온데간데없고 의혹만 남은 상황이었다.

"김유찬 씨 진술에 의하면 이명박 의원이 실제, 명목상으로는 안 그러는데 실제 소유회사인 대부기공(다스의 옛날 이름)과 태영개발 이것을 통해서 선거자금 공급하고 선거운동원 동원하는 데 핵심 역할을 했다고 그렇게 진술을 하고 있습니다. 그래서 지난번 선거에도 상당수 후보들이 회계책임자를 이중으로 해가지고 그 후보자 관련 회사 경리직원이 실제 회계책임자가 되고 회사자금을 끌어 쓰고 회사 직원을 비밀리에 선거운동원으로 쓰고 그런 사례가 많은데 이 부분에 대해서도 조사를 하고 있습니까? 이 두 업체에 대해서?"

국회 법제사법위원회 국정감사, 1996년 10월

조순형 새정치국민회의 의원이 이렇게 이명박의 선거법 위반 사건에 대해 묻자 최환 서울지검장은 "수사 내용을 밝힐 수 없다"면서도 "철저히 조사하고 있다"고 답했다. 이명박과 대부기공의 관계가 공개석상에서 처음으로 거론되는 순간이었다. 대부기공은 다스의 옛 이름이다. 잘 뜯어보면 한 문장에 두 가지 의혹이 붙어 있다.

1. 명목상으로는 그렇지 않지만 이명박이 실제로 다스를 소유하고 있다.
2. 다스를 통해서 선거자금을 공급하고 선거운동원을 동원했다.

수사 결과 적어도 두 번째 의혹은 사실로 드러났다. 이명박이 당시 다스를 통해서 돈을 끌어다 쓰고, 운동원을 동원한 건 사실이었다.

검찰 수사는 속전속결이었다. 국정감사가 끝나고 며칠도 안 돼 검찰은 이명박 의원을 선거법 위반에다 김유찬을 해외로 몰래 빼돌린 범인도피 혐의로 불구속 기소했다. 회계책임자 이모 씨와 신한국당 종로구 지구당 기획부장 강모 씨는 같은 혐의로 구속 기소했다. 뒤늦게 귀국한 김유찬도 선거법 위반 혐의로 기소됐다. 당시 검찰은 이명박이 선거 비용을 총선 법정한도액 9500만 원보다 8400만 원가량 많이 쓴 것으로 파악했다. 김유찬이 폭로한 내용보다는 적었다.

이명박과 다스를 잇는 고리는 이렇게 선거자금을 수사하다 밝혀진다. 다스의 돈이 이명박에게 흘러간 것이다. 판결문에 다스 회사자금이 이명박의 선거자금에 어떻게 쓰였는지 전모가 실려 있다. 판결문은 모두 네 개다. 대법원이 파기환송해서 그렇다. 대법원이 원심 판결을 파기한 뒤 다시 심판하도록 서울고등법원으로 사건을 돌려보냈다. 서울고등법원 판결 이후 대법원 판결문은 찾을 수 없었다. 서울고등법원에서 판결이 확정된 것으로 보인다. 그래서 판결문은 서울지방법원 96고합1076, 서울고등법원 97노2226, 대법원 98도1422, 다시 서울고등법원 99노1028 이렇게 네 개다.

판결문을 보자. 먼저 구속 기소된 지구당 기획부장 강씨의 또 다른 직함은 다스 과장으로 드러난다. 다스 과장이 선거판에 뛰어든 것이다. 강씨는 이명박의 선거운동을 하면서 급여는 다스에서 받았다. 법원이 판단한 강씨의 역할은 다음과 같다. 강씨는 "형식적으로는 이명박 의원의 형 이상은이 운영하는 대부기공(다스)의 과장으로서 근무하면서 월급조로 받았지만, 실질적으로는 이상은과 이명박 의원의 동의를 받고 전적으로 위 선거기획단에서 기획 업무 등을 담당하면서 그 대가로 월급을 받았다." 강씨 월급으로 다스에서 750만 원이 나갔다. 이상은이 자신의 회사자금으로 동생의 선거자금을 대준 것이다. 그리고 다스 회사자금을 어떻게 쓸지 이명박과 형이 '동의'한 것이다.

다스 회사자금은 또 다른 경로를 거쳐 선거판에 흘러간 것으로 드러난다. 이명박의 여론조사 비용 2천만 원이 대부기공(다스) 직원 정모 씨 명의로 여론조사 회사에 송금된다. 이상은은 개인적으로 궁금해서 동생한테 알리지도 않고 여론조사를 벌였다고 해명했지만, 법원은 받아들이지 않았다. 여론조사를 치른 선거자금을 다스에서 끌어온 것으로 판단한 것이다. 이명박은 몰랐다고 시치미를 뗐지만, 이명박의 선거자금이 이렇게 다스에서 나갔다.

이명박의 여론조사 비용을 송금한 정씨는 당시 대부기공 경리팀에서 일하고 있었다. 이후 2000년대 초반 경리팀장 자리에 있다 퇴사했다. 정씨는 당시 이명박의 선거 운동을 도운 걸 '파견'이라고 표현했다. 다음은 정씨와의 일문일답이다.

Q. 어떤 일을 했나?

— 파견 나가서 도왔다. 1991년에 입사했으니까 당시에는 대부기공에서 대리 정도 됐을 때였다. 사무실에서 잡일을 했다. 홍보물도 관리했고 서류 정리도 하고 그랬다. 선거 운동을 도왔다.

Q. 사무실은 어딜 말하는가?

— 종로에 있는 선거사무실이었다.

Q. 당시 구속된 지구당 기획부장 강모 씨의 또 다른 직함은 다스 과장이었는데, 본 적 있나?

— 본 적 있다. 김유찬과 강씨는 현장과 사무실을 왔다 갔다 하니까 얼굴을 본 적 있다.

Q. 강씨는 대부기공 과장이기도 했는데, 회사에서 본 적은

없나?

— 못 봤다. 월급만 받았을 거다.

여러 가지를 물었지만 정씨는 당시 입사한 지 얼마 되지 않았을 때라 많은 내용을 알지 못한다고 답했다. 구속된 강씨는 '위장 취업' 형태로 다스에서 월급을 받았지만, 정씨는 실제로 다스 직원이었다. 경리팀 직원이었다. 정씨는 한 달 넘게 종로에서 일했던 것으로 기억했다. 이명박의 큰형과 처남이 세운 다스 회사자금은 이렇게 이명박에게 흘러갔다. 다스에 위장 취업해 월급을 타내든 다스 직원 명의로 선거비용을 치르든 다스 회사자금이 선거에 동원된 건 분명하다. 다스 직원도 선거에 동원됐다.

다스 대주주가 직접 선거자금을 대기도 했다. 처남 김재정이 매형인 이명박 의원의 선거자금을 댄 것이다. 김재정은 이명박의 선거기획단 사무실로 오피스텔을 빌려 월세 100만 원과 관리비 44만 원을 지출했다. 이명박과 논의한 일이다. 판결문에 나타난 김재정의 직업은 태영개발 대표다. 판결문은 태영개발을 "이명박 의원의 빌딩을 관리"한 회사로 설명한다. 이명박 의원은 서울 서초구 서초동과 양재동에 빌딩과 상가 여러 채를 보유하고 있는 부동산 거부였다. 처남이 매형의 부동산을 관리하는 재산 관리인 노릇도 하고 있었던 것이다. 처남 김재정은 이명박 소유라고 의심받는 다스의 대주주이기도 하다. 이런 김재정 주머니에서 이명박의 선거 자금이 나왔다.

선거법 위반 결과는 혹독했다. 당시 이명박 의원은 1심과 2심 재판에서 의원직 상실형에 해당하는 벌금형을 받았다. 이명박은 의원직을 사퇴하고 미국 워싱턴행 비행기에 오른다. 이후 유죄가 확정됐다. 이명박은 자신의 회고록『대통령의 시간』을 통해서 이때 선거법 위반을 기성 정치권의 자신에 대한 견제의 결과라고 치부한다. 몇 자 남긴 기록은 이렇다.

　　종로에서의 화려한 승리는 기성 정치권의 나에 대한 견제를 더욱 강화시키는 계기가 됐다. 야권은 물론 14대 대선 TV 찬조 연설과 서울시장 경선 과정에서 비롯된 당내 반감의 잔재도 남아 있었다.

이명박은 오뚝이처럼 다시 일어선다. 4년 뒤 2002년 서울시장에 당선되면서 재기에 성공한다. 하지만 그해 1월 또 선거법 위반 혐의로 검찰에 불구속 기소된다. 이번에도 다스가 등장한다. 주요 혐의는 선거를 앞두고 신학수 등 선거운동원을 통해 자신을 홍보하는 본인의 저서『절망이라지만 나는 희망이 보인다』를 배포해 사전 선거법을 위반했다는 것이다. 또한 본인의 선거 운동을 도와준 신학수에게 다스를 통해 월급을 주는 형식으로 금품을 제공한 혐의도 추가됐다. 법원은 모두 무죄를 선고했다. 저서 배포를 이명박이 신학수 등과 공모했다고 보기 어렵고, 신학수가 다스에서 급여를 받고 있었다는 사실을 이명박이 알고 있었다고 인정할 증거가 없다는 이유를 들었다. 신학수가 다스에서 월급을 받은 건 사실이지만, 이명박은 그런 줄 몰랐다는 것이다.

신학수는 이명박의 고향 후배로서 이명박이 위원장으로 있던 지구당의 총무부장으로 있기도 했고, 이명박이 이사장으로 있던 재단법인 동아시아연구원 총무부장으로 있기도 했다. 이후 2000년 6월부터 2001년 12월 중순까지 다스 아산공장 관리팀장으로 일했다. 그리고 그해 12월 중순부터 다시 이명박의 곁으로 복귀해 동아시아연구원에서 총무팀장으로 일하면서 서울시장 선거운동을 도왔다. 정치판에서 보좌하던 이명박이 선거법 위반으로 무직이 되자 다스에 취직했고, 이후 이명박 곁으로 복귀한 것이다.

검찰은 이 같은 사실을 근거로 "신학수는 10여 년 동안 피고인, 이명박과의 인연으로 생계를 유지해왔고, 피고인의 주선으로 피고인의 친형인 이상은이 경영하는 대부기공(다스)에서 일하다가 피고인의 선거운동을 돕기 위해 회사를 사직했다. 다스는 신학수의 사표를 수리하지 않은 채 5개월 동안 1353만 5880원이나 되는 많은 돈을 급여로 지급했는데, 아산공장 공장장에게는 이러한 편법적인 업무 처리를 할 권한이 없는 점 등에 비춰 보면 이상은이 피고인의 선거운동을 돕기 위해 회사를 사직한 신학수를 배려해 위와 같이 급여를 지급했고, 피고인은 이러한 사실을 알고 있었다고 보는 것이 경험칙에 맞다"고 주장했다.

그러나 재판부는 이상은과 다스 아산공장장 등의 진술을 근거로 "정황 사실만으로는 피고인 이명박이 신학수에게 급여가 지급되고 있는 사실을 알았다고 인정할 수는 없다"고 판단했다. 아산공장장이 "이명박이나 이상은이 신학수와 관련한 부탁을 한 적이 없다"고 진술하는 데다, 아산공장장 본인이 "신학수가 일을 잘하는 사람이고, 조만간 다시 돌아올지 모른다고 생각해 사표 처리를 미뤄왔을 뿐, 다시 오지 않겠다는 의사를 확인한 뒤에는 사표를 처리했다"고 말한 점, 또 이상은이 설사 신학수에 대한 급여 지급 사실을 알고 있었다 하더라도 이를 이명박에게 알렸다고 단정할 수 없는 점을 무죄 근거로 들었다. 이명박이 다스 월급 지급 사실을 알았다는 증거가 부족하다는 것이다. 결국 신학수는 아산공장장의 배려로 5개월 동안 다스의 월급을 받으면서 이명박의 선거운동을 도운 셈이 됐다.

공소시효에 쫓기던 검찰은 당시 이명박 서울시장을 조사하지 못한 상태에서 선거법 위반 혐의로 불구속 기소했다. 게다가 신학수는 이명박과 공모한 적이 없다며 단독 범행이라고 주장했다. 결국 신학수는 징역 10월에 집행유예 2년을 선고받았지만, 함께 재판을 받았던 이명박은 무죄 판결을 받았다. 이후 신학수는 이명박 정부 청와대에서 총무비서관을 거쳐 민정1비서관을 지냈다. 총무비서관은 MB의 '영원한 집사' 김백준 총무비서관이 총무기획관으로 승진하면서 없어졌다가 다시 부활한 뒤 공석으로 있던 자리였다. '영원한 집사' 후임이 신학수였다. 신학수는 이후 청와대를 나와 다시 다스로 복귀했다. 2015년 7월 다스 감사로 업무를 시작했다. 다스와 이명박 사이를 오간 것이다.

폭로했다가 도피했다가 귀국했다가 오락가락 갈 지(之)자 행보를 보였던 김유찬은 2007년 대선을 앞두고 당시 이명박 후보와 또다시 질긴 악연을 이어간다. 김유찬은 이명박을 겨냥한 또 한 번의 폭로를 기획한다. 1996년 종로 선거에서 발생한 선거법 위반 사건 재판과 관련해 이명박이 자신에게 법정에서 위증하도록 시키고, 그 대가로 1억 2천여만 원을 제공했다는 것이다. 두 차례 기자 회견을 하고, 같은 내용을 담은 『이명박 리포트』라는 책도 낸다. 김유찬은 결국 허위 사실을 퍼뜨린 혐의로 구속 기소됐다. 대법원에서 징역 1년 2월을 선고받았다. 법원은 김유찬이 허위 진술을 했다고 하더라도 스스로 그렇게 한 뒤 생활비 등을 지급받은 것으로 보일 뿐, 이명박 측으로부터 위증 교사 받은 것으로 보이지 않는다고 판단했다. 『이명박 리포트』에는 허위 사실로 드러난 위증 교사뿐만 아니라 이명박과의 숱한 악연들이 김유찬의 관점에서 꼼꼼하게 기록되어 있다. 다스와 이명박의 관계는 이렇게 기억된다.

당시 이명박 의원이 대부기공(현 '다스')의 돈으로 선거조직의 많은 이들의 급여도 지급하고 지구당 당직자들에게 '부장', '과장' 등 대부기공 직원의 직책도 마음대로 부여했던 것을 보며 "아, 대부기공의 실제 오너는 이명박 의원이구나" 하는 심증을 확실하게 가질 수 있었다.

이명박은 2007년 《월간조선》(4월호)과의 인터뷰에서 이때 사건을 이렇게 밝힌다.

> 우리 선거운동원 중 한 사람이 다스 소속이었죠. 동생이 국회의원 선거에 나섰는데 형님이 그 정도도 안 도와주나요. 선거운동원 하나 안 보내주면 형하고 저하고 원수졌다는 얘기밖에 더 되겠어요. 그걸 위법, 불법이라고 하면 정주영 회장이 대통령에 출마했을 때 지원 활동 벌인 그 형제들과 자식들을 처벌해야 하는 건가요. 아무리 정치 공세지만 금도가 있어야 하는 것 아닙니까.

두 차례의 선거법 위반 사건에서 드러난 이명박과 다스의 관계는 이 정도다. 자신이 '주선'하면 측근을 다스에 취업시킬 정도의 영향력은 있다. 위장 취업이든 명의를 빌리든 다스 회사자금을 자신의 선거자금으로 끌어다 썼다. 회장으로 있는 큰형의 '동의'도 어렵지 않게 받아낼 수 있다. 다스 직원을 선거에 동원하기도 한다. 다스의 대주주이자 부동산 관리인이기도 한 처남의 주머니도 선거자금용으로 끌어다 썼다. "다스의 실제 오너는 이명박"이란 옛 측근의 심증은 자신이 엿본 진실의 한 부분일 수 있다. 하지만 이명박은 동생과 형 사이에 그 정도는 도와줄 수 있다고 주장한다.

다스와 이명박 사이에 '직접적'으로 돈이 오간 게 밝혀진 건 이 정도뿐이다. '간접적'으로는 엄청난 돈이 흘러가기도 했다. BBK다. 이명박의 한때 동업자였던 김경준 대표의 투자자문회사 BBK에 다스가 190억 원을 투자했다. 이명박이 다스의 실소유주로 의심받기 딱 좋다. 하지만 검찰도 그렇고, 특검도 그렇고 한목소리로 BBK는 김경준의 회사라고 했다. 또 이명박은 190억 투자 과정에 개입한 적이 없다고 밝혔다.

그러나 이명박과 김경준의 동업자금으로 들어온 또 다른 돈이 있었다. 다스가 있는 경주에서 들어온 5억 원이었다. 5억 원을 추적하다 보면 우리가 몰랐던 새로운 그림이 나온다. 다스와 이명박의 새로운 연결고리다. 자, 이제 마지막 열쇠이다.

네 번째
열 쇠

동업자

경영의 귀재라 불렸던 이명박은 새파랗게 젊은 30대 펀드매니저 김경준에게 뒤통수를 맞았다. 김경준의 거짓말과 위조술은 능수능란했다. 피노키오처럼 길어진 김경준의 코에 대한민국이 속아 넘어갔다.

사기꾼의 말에도 진실은 있다. 특검과 검찰의 수사 기록들, 미국 법원에 제출된 서류들을 뒤졌다. 이명박의 한때 동업자 김경준의 주장대로 이명박은 다스 협력업체 돈을 자신의 사업자금으로 끌어다 썼다. 이명박과 다스의 새로운 연결 고리다.

이명박과 수십 년을 함께해온 동업자도 있다. 동반자 같은 동업자다. 김백준이다. 그는 이명박보다 이명박의 돈에 대해 잘 알고 있다는 사람이다. 김백준은 다스가 BBK에 190억 원을 투자할 때도 관여했다. '영원한 집사'만 알고 있는 비밀이 있다.

네 번째 열쇠는 동업자다.

태산명동 서일필

"부가 곧 명예다, 그래서 난 증권이라는 마약을 파는 브로커
가 됐다."

할리우드 영화 〈보일러룸〉(Boiler Room, 2000)은 주인공의 독
백으로 시작한다. '보일러룸'은 주가조작을 뜻하는 은어 또는 주
가조작을 일삼는 브로커 조직이나 장소를 지칭한다. 주가조작 조
직이 일하던 사무실이 대부분 오피스건물 지하실이나 다용도실
에 책상 몇 개를 놓고 급하게 얼기설기 차려졌는데, 비좁은 공간
에서 뿜어내는 열기와 압력이 보일러와 비슷해 그렇게 이름 붙여
졌다고 한다. 미국 증권거래위원회(US Securities and Exchange
Commission)는 주가조작이 이뤄지던 보일러룸을 "브로커들이 농
구 코트 크기의 공간에 다닥다닥 붙어 앉았다"고 묘사한다.

벤 영거 감독의 영화 〈보일러룸〉은 지오바니 리비시(Giovanni
Ribisi)가 주연을 맡았다. 'JT 말린'이라는 증권회사가 무대다. 겉
만 멀쩡했지 증권회사가 아니라 보일러룸이었다. 유령회사 메드
패턴트 테크놀러지(Med Patent Technologies)가 주가조작에 동원

※　Wikipedia, 2018년 1월.

됐다. 유령회사의 주식을 유망주인 것처럼 속여 투자자들의 돈을 '꿀꺽'하다 보일러룸이 FBI에 적발된다는 내용이다.

그런데 영화 속 유령회사 '메드 패턴트 테크놀러지'와 주연 '지오바니 리비시'의 이름이 한국에 등장한다. 코스닥 상장 회사의 자금을 빼돌리는데 사용한 유령회사 이름 가운데 하나가 바로 메드 패턴트 테크놀러지였다. 그 회사 이사로 영화배우 지오바니 리비시의 이름을 그대로 딴 가공의 인물이 등장했다. 똑같은 이름으로 위조 여권도 만들어졌다.

2007년 검찰이 이런 식으로 주가조작을 저지른 회사 대표 사무실을 압수수색하다 책상 서랍에서 영화 〈보일러룸〉 DVD를 발견했다. 회사 대표는 2007년 한국사회를 흔들어놓은 BBK 주가조작 사건의 장본인인 김경준이었다. 검찰은 영화를 모방한 카피캣(copycat) 범죄라고 지목했다.

김경준은 범죄에 발을 딛기 전까지는 미국 명문대 출신의 소위 잘나가는 펀드매니저였다. 1990년대 후반 국내 금융시장에서 활동하며 차익거래의 귀재라는 평가도 받았다. 평가에 걸맞은 동업자도 있었다. 샐러리맨 신화로 불렸던 인물이다. 현대건설 등 7개 현대계열 그룹회사 대표이사 회장을 지낸 이명박이었다. 이명박은 선거법 위반으로 국회의원직이 박탈된 뒤 해외 연수를 떠나 미국 워싱턴에서 머물다 귀국한 직후였다. 이명박이 김경준의 부모와 김경준의 누나인 미국 변호사 에리카 김과 교분을 나눈 지는 꽤 된 터였다.

1966년생 김경준, 미국명 크리스토퍼 김(Christopher Kim)과 1941년생 이명박, 두 사람은 국적도 성장 배경도 달랐고, 나이 차도 컸지만 동업자였다. 1년 정도 손을 잡았고 이후 결별한다. 한 사람은 대통령이 됐고, 한 사람은 범죄자로 전락해 징역살이를 했다.

동업자들의 기억은 첫 만남부터 다르다. 김경준은 이렇게 기억한다.[※] 1999년 초 어느 날, 휴대전화로 모르는 전화번호로 전화가 걸려온다. 김백준 부회장이라고, 현대종금에서 대표로 있었던 사람이라고 자신을 소개한다. "대단한 분이 미스터 킴을 만나보고 싶어 한다"고 해서 며칠 후 만나기로 약속을 잡았다. 아침 7시 반이었다. '이 추운 아침부터 무슨 짓이야.' 짜증도 치밀었다. 서울 서초동 영포빌딩 101호 동아시아연구소를 찾았다. 나이 든 한 남자가 웃는 얼굴로 자신을 쳐다봤다. 이명박이었다.

이명박의 기억은 다르다. 미국에서 귀국한 뒤 2000년 초에 김경준을 만났다. 누나 에리카 김의 소개로 자신을 찾아온 김경준은 사이버 종합금융회사를 차리고 싶다며 도움을 요청해왔다.

두 사람의 기억은 시기부터 엇갈린다. 한 명은 1999년에 만났다고 주장한다. 다른 한 명은 2000년에 만나 사업을 구상했다고

※ 김경준의 옥중 자서전 『BBK의 배신』(비비케이북스, 2012년)에서 발췌.

주장한다. 이명박이 1999년 설립된 BBK와의 관련성을 부인하기 위해 자신과 2000년에 처음 만났다고 하는 거라고 김경준은 주장한다.

투자자문회사 BBK가 핵심이었다. BBK의 지분 구성은 어떻게 돼 있는지, 실제 경영한 사람이 누구인지, 누가 의사 결정 과정을 장악하고 지배했는지, 그리고 투자금을 이용해 주가조작을 한 건 누구인지 찾아내는 게 수사의 관건이었다.

특검과 검찰의 수사 내용을 바탕으로 BBK 사건을 정리하면 이렇다. 1999년 4월 김경준이 자본금 5천만 원으로 세운 회사다. 지분은 100퍼센트 김경준 소유였다. 꽤 많은 돈을 유치했지만 생각만큼 수익률이 나오지 않았다. BBK의 자금을 유용하고, 펀드 운용보고서 내용을 조작했다가 금융감독원 검사에 들통나서 이미 설 자리도 좁아져 있었다. 동업자였던 이명박도 결별을 통보했다.

김경준은 딴 마음을 품기 시작한다. 2001년 코스닥 상장기업인 옵셔널벤처스를 인수한다. 김경준은 투자자들이 BBK에 맡긴 돈을 빼돌려 옵셔널벤처스의 주가를 조작하는 데 이용한다. 속칭 '검은 머리 외국인' 수법으로 주가를 조작했다. 미국에 실체가 없는 유령회사를 그럴듯하게 만든 뒤 옵셔널벤처스가 이 외국기업의 투자를 유치한 것처럼 꾸며 주가를 띄웠다. 김경준은 주가조작으로 모은 옵셔널벤처스 회사자금 319억 원을 횡령한다. 최소 1천만 달러가 넘는 돈을 자금세탁을 거쳐 해외로 빼돌린다. 김경준은

2001년 12월 미국으로 달아난다. 달아나면서 큰손들의 투자금은 대부분 갚았지만, 개미투자자들에게는 한 푼도 주지 않았다. 5천여 명이 피해를 봤다.

주가조작과 횡령을 저지르며 닥치는 대로 유령회사를 세우고 위조했다. 위조된 각종 문서와 여권들이 범죄에 동원됐다. 김경준은 죽은 동생 명의로 된 여권으로 입출국하며 알리바이도 만들었다. 치밀한 범죄였다.

미국으로 달아난 뒤 한동안은 화려한 생활을 즐겼다. 초호화 저택이 즐비한 미국 LA 비버리힐즈에 320만 달러짜리 집도 샀다. 김경준의 누나 에리카 김도 비버리힐즈에 350만 달러짜리 저택을 사들인다. 그러다 2005년 5월 김경준은 미국 FBI에 체포된다. 공금 횡령과 돈세탁 등의 혐의였다. 이후 2007년 11월 대선을 불과 한 달여 앞두고 한국으로 송환돼 구속됐다. 한때 동업자였던 이명박이 유력한 대선 후보였다. "이명박이 BBK 실소유주"라고 외쳤다. 유력 대선 후보를 겨냥한 김경준의 주장에 대한민국이 흔들렸다.

김경준의 주장은 받아들여지지 않았다. 1심 법원은 김경준을 한 마리 쥐에 빗댔다. 태산을 요동치게 하더니 뛰어나온 건 쥐 한 마리였다며 BBK 사건은 '태산명동 서일필(泰山鳴動 鼠一匹)'이었다고 꼬집었다. 재판부는 "이 사건 범행의 본질은 재산적 이익을 노린 통상 경제 범죄에 불과하지만, 피고인은 국내의 특수한 정치

상황을 이용해 범행 본질을 희석시키고 국가기관의 기능을 훼손했다"고 일갈했다. 2009년 5월 대법원은 김경준에게 징역 8년과 벌금 100억 원을 확정했다. 의혹은 해소된 듯했다.

2017년 3월 김경준은 만기 출소했다. 김경준은 주가조작과 횡령 등으로 징역 7년과 선거법 위반으로 징역 1년, 그리고 벌금 100억 원에 대한 노역형 등을 합쳐 한국에서 9년 4개월 동안 수감돼 형기를 채우고 미국으로 추방됐다. 김경준이 다시 목소리를 높이고 있다. BBK는 본인과 이명박이 함께 세웠지만 사실상 이명박이 주도했고, 다스 역시 이명박 회사이기 때문에 BBK에 거액을 투자했다는 것이다.

> "(MB가) 자기 회사라고 그랬다. 그러니까 다스가 처음에 BBK
> 한테 투자하는 돈을 보낼 때 자금을 옮기는 거라고 얘기를 했다."*

새삼 새로운 내용도 아니다. BBK나 다스의 지분을 이명박이 갖고 있다는 증거가 있다면 진위를 가려야겠지만, 이미 검찰과 특검이 여러 차례 검증했다. 김경준이 벌인 주가조작과 횡령 등 범죄 행각은 판결문 수백 페이지에 걸쳐 빼곡히 적혀 있다. 김경준이 위조한 서류와 여권 목록, 주가조작 내역만 수십 페이지다. 김

---

* 「"BBK는 아직 끝나지 않았다"」, 《MBC 시사매거진2580》, 2017년 6월 11일.

경준의 말을 경계해야 하는 이유다. 쥐 한 마리에 다시 한 번 태산
이 요동칠 수 있다.

이명박의 L, 김경준의 K

이명박은 BBK에 지분이 하나도 없다. BBK 운영에도 관여하지
않았다. 그렇다면 이명박이 김경준과 손잡은 건 대체 어떤 사업
일까?

삽질, 토건으로 상징되던 이명박은 새로운 사업을 구상했다. 인
터넷과 금융을 융합한 신산업이었다. 새천년의 열기가 한껏 달아
오르던 2000년 2월, 이명박은 'LKe뱅크'라는 회사를 창업해 김경
준과 공동 운영한다. 각각 자본금을 절반씩 내기로 하고 시작한
사업이었다. 완벽한 동업 관계였다. 회사명도 이명박의 L, 김경준
의 K를 따서 LKe뱅크로 지었다. 이름만 봐도 두 사람이 동업자인
걸 알 수 있다.

그렇다면 BBK는 무슨 약자일까? 김경준은 검찰 조사 과정에서
이명박이 지은 이름이라고 주장했다. 이명박 본인이 중동 사업을
많이 했기 때문에 'Bank of Bahrain and Kuwait'의 앞머리를 따
서 작명했다는 것이다. 이는 BBK가 이명박 소유라는 자신의 주
장을 뒷받침하기 위해 김경준이 꾸며낸 말이었다. 이후 BBK의

창립 발기인 세 명, 즉 김경준의 부인 이보라(Bora Lee)와 김경준의 친구 오영석(Bobby Oh) 그리고 김경준(Kyungjoon Kim)의 영문 이름 첫 글자를 따서 지은 걸로 드러났다.

다시 LKe뱅크로 돌아가자. LKe뱅크는 원대한 구상의 일부였다. 회사를 키워 인터넷 기반의 종합금융서비스 시스템을 만들자는 것이었다. 목표는 'e-Bank KOREA'라는 인터넷 종합금융서비스 사이트의 구축이었다. 여기서 사용할 금융거래 시스템 개발과 제공을 바로 이명박, 김경준 두 사람의 LKe뱅크가 맡기로 했다. 그 꿈이 실현됐다면 e-Bank KOREA 안에 증권회사와 은행, 투자자문회사, 자동차보험회사가 인터넷으로 이어져 금융소비자들에게 원클릭 논스톱 인터넷 종합금융서비스를 제공했을 것이다. 그리고 투자자문은 김경준의 BBK가 계속 맡았을 것이다. LKe뱅크는 서울 중구 태평로2가 삼성생명빌딩 BBK 바로 옆에 사무실을 두고 업무를 시작한다.

그러나 김경준의 BBK 법인자금 유용, 자산 운용보고서 위조 등이 금융감독원에 적발되면서 두 사람의 동업 관계는 틀어졌다. 2001년 4월 이명박은 LKe뱅크 대표이사를 사임하고 김경준과 결별한다.

LKe뱅크를 김경준과 함께 세웠고, 1년 남짓한 시간 동안 동업했다는 건 이명박도 인정한다. 다만 동업하는 동안 김경준이 옵셔널벤처스 경영권을 인수하는 걸 전혀 몰랐고, 게다가 결별 후 김경준이 옵셔널벤처스 주가를 조작하고 법인자금을 횡령했는지도 몰랐거니와 관여한 적도 없다고 주장한다.

LKe뱅크는 이명박과 김경준의 회사다. LKe뱅크를 봐야 두 사람의 관계가 보인다. 이명박의 돈이 움직인 것도 BBK가 아니라 LKe뱅크다.

LKe뱅크는 이명박과 김경준의 지분도 완벽하게 균등히 나눈 회사다. 자본금을 똑같이 30억 원씩 출자했다. 그런데 이명박이 낸 30억 원에 대해 김경준은 나중에 이런 주장을 한다. 김경준이 2012년 출간한 자신의 옥중 자서전 『BBK의 배신』을 통해 한 주장이다.

LKe뱅크에 MB가 출자한 금액 중 5억 원은 세광공업에서 송금된다. 그런데 세광공업은 다스에 자동차 부품을 납품하는 하청업체이고, MB는 나에게는 "5억 원이 다스에서 오는 자금"이라고 했다. 그때가 MB가 수억 원을 고려대학에 기부한 직후였다. 그래서 나에게는 자기가 현금이 모자라서 다스가 5억 원을 보낸다고 통지해주었고, 이미 다스가 BBK에 투자한 상태였고, 다스가 MB 소유라는 사실을 알았기에, 5억 원에 대한 주식 역시 MB 명의로 발행되었다. MB가 다스나 세광공업에 5억 원을 되돌려준 사실도 없고, 주식 소유자 명의가 MB에서 다스나 세광공업으로 바뀐 적도 없다. 다스의 돈이 MB 소유로 된 것이다.

정리하면 이명박이 낸 자본금 30억 원 가운데 5억 원은 MB가 아니라 다스의 하청업체 세광공업이 냈다는 것이다. 그리고 이 5억 원이 다스가 이명박 소유라는 걸 증명한다는 것이다. 김경준의 주장이 사실이라면 이 5억 원의 행방이 다스와 이명박의 관계를 밝힐 중요한 단서가 될 수 있다.

이명박과 스물다섯 살 터울인 동업자 말은 대부분 거짓이었다. 숨 쉬는 것조차 거짓말이라는 말까지 나왔다. 김경준은 수많은 서류와 여권 등을 위조했고, 수많은 거짓말을 했다. 특검은 검은머리 외국인이 대한민국을 우롱했다고 표현했다. 대한민국에는 이명박도 포함된다고 했다.

취재를 하다 보면 여러 제보자들을 만난다. 그중에는 사기꾼도 있다. 사기꾼이라고 해도 처음부터 끝까지 거짓말만 하는 건 아니다. 가려서 들으면 중요한 단서도 건질 수 있다. 김경준은 이명박의 한때 동업자였다. 그만이 알고 있는 진실이 있을 수 있다. 다만 감춰진 진실과 드러난 거짓을 가려야 한다.

특검과 검찰의 수사 기록들, 미국 법원에 제출된 서류들을 뒤졌다. 관계자들과 접촉했다. 김경준의 말 가운데 사실도 있었다. 세광공업이 보냈다는 5억 원이 그랬다. 그 돈이 세광공업의 돈이라면, 이명박은 다스의 하청업체 돈을 자신의 사업자금으로 끌어다 쓴 것이다.

서라벌에서 온 동업자금

LKe뱅크를 들락날락거린 이명박 전 대통령의 돈을 쫓으면 이명박과 김경준이 맺었던 관계도 드러난다. 쫓을 돈은 이명박이 LKe뱅크 자본금으로 낸 30억 원이다.

김경준의 말을 하나씩 따져보겠다. ① 다스의 하청업체인 세광공업이 이명박이 출자한 금액 중 5억 원을 송금한 것이 맞는지 ② 이명박이 5억 원을 세광공업에 되돌려 준 적이 없는지 ③ 당시 이명박이 고려대에 기부해 현금이 부족한 상태였는지 ④ 마지막으로 "5억 원을 다스에서 온 자금"으로 볼 수 있는 것인지 검증해 보겠다.

2000년 2월 18일

2000년 2월, LKe뱅크가 설립된다. 초기 자본금 20억 원은 모두 이명박이 납입했다. 대표이사는 이명박과 김경준이었다. 이명박이 자본금 전액을 낸 것은 당시 김경준과 BBK에 돈이 없었기 때문이다. 김경준이 나중에 낸 LKe뱅크 증자금 30억 원도 BBK가 유치한 투자금을 이명박 몰래 횡령해서 마련했을 정도로 김경준은 돈이 없었다.

2000년 6월 15일

LKe뱅크가 40억 원의 유상증자를 실시한다. 10억 원은 이명박이, 나머지 30억 원은 김경준이 인수한다. 이렇게 해서 자본금 60억 원이 들어간 LKe뱅크 지분은 이명박과 김경준이 절반씩 차지하게 된다. 이때도 김경준은 수중에 돈이 없었다. 김경준은 앞서 말한 대로 증자금 30억 원을 BBK가 유치한 투자금을 빼돌려 마련한다. BBK 법인자금을 유용한 것이다.

2000년 6월 30일

하나은행이 LKe뱅크에 5억 원을 출자해 4퍼센트의 지분을 취득한다. 이 출자로 LKe뱅크 지분 구성은 이명박 48퍼센트(60만주), 김경준 48퍼센트(60만주), 하나은행 4퍼센트(5만주)가 된다. 하나은행이 LKe뱅크에 출자한 5억 원은 이명박이 되사기로 풋옵션 계약을 했기 때문에 나중에 이명박이 물어준다.

정리하면 LKe뱅크에는 자본금으로 65억 원이 들어갔다. 이 가운데 이명박 몫이 30억 원, 김경준 몫이 30억 원 나머지 하나은행 몫이 5억 원이다.

먼저 특검 수사 내용부터 살펴보자. BBK 특검이 자신 있게 내세운 것이 자금 추적이다. 수사 결과 발표 자리에서 검찰보다 더 나간 부분이 뭐냐는 질문에 특검은 '자금 추적'이라고 답했다. 특검은 자금 추적반을 만들어서 '자금 추적도'를 그렸다고 했다. FBI가 조사한 자료도 입수했다고 했다. 온갖 해외 유령회사가 동원돼 주가조작이 이뤄졌고, 세탁된 돈은 한국과 미국, 스위스까지 넘나든 만큼 자금 추적에 공을 들였다는 것이다. 특검은 그렇게 해서 김경준의 진술을 하나하나 검증했다.

BBK 특검의 자금 추적 내용은 수사 결과 발표 이튿날인 2008년 2월 22일에 특검이 국회에 제출한 보고서 「한나라당 대통령 후보 이명박의 주가조작 등 의혹 사건 수사 결과」에 자세히 나와 있다.

먼저 이명박이 낸 LKe뱅크 자본금 30억 원을 살펴보자. 김경준이 주장한 대로 30억 원 가운데 5억 원은 세광공업이 입금한 돈이었다.

MB 자본금 20억 원 출처

2000년 2월 16일, 이명박은 본인 명의의 □□은행 169-
******-**-*** 계좌 등 모두 9개의 예금을 해지해 20억 원을
마련한다. 예금을 해지해 마련한 20억 원은 사흘 뒤인 19일 ○○
은행 010-**-*****-* LKe뱅크 계좌로 입금된다.

MB 증자금 10억 원 출처

2000년 6월 15일 □□은행 법조타운지점에서 이명박 명의로 5억
원이 △△은행 LKe뱅크 계좌로 송금된다. 나머지 5억 원은 세광
공업이 댔다. 세광공업 명의로 된 5억 원의 수표가 △△은행 서라
벌지점에서 △△은행 LKe뱅크 계좌로 입금된다. 증자금 절반인
5억 원은 세광공업이 수표로 입금한 것이다.

이명박은 이렇게 2000년 2월 20억 원, 그리고 같은 해 6월 5억
원 등 모두 두 차례에 걸쳐 LKe뱅크에 25억 원을 입금한다. 나머
지 5억 원은 세광공업이 댔다. "LKe뱅크에 MB가 출자한 금액 중
5억 원은 세광공업에서 송금"됐다는 김경준의 주장은 사실로 확
인됐다.

그렇다면 "MB가 다스나 세광공업에 5억 원을 되돌려준 사실도

없고, 주식 소유자 명의가 MB에서 다스나 세광공업으로 바뀐 적
도 없다"는 김경준의 주장은 사실일까? 일단 특검이 국회에 제출
한 보고서에는 MB가 다스나 세광공업에 5억 원을 되돌려준 사실
은 나오지 않는다. 김경준의 말대로 주식 소유자 명의가 다스나
세광공업으로 바뀐 적도 없다.

특검에 앞서 BBK 사건을 수사한 검찰 인사들을 찾았다. 당시
수사팀에 있었던 인사와 최근 연락이 닿았다. 10년이 지난 일이지
만 '세광'이란 단어를 분명하게 기억했다. 세광공업 명의의 수표 5
억 원의 행방을 묻자 다시 연락하자고 했다. 하루 뒤 연락이 왔다.

Q. 세광공업 명의의 수표 5억 원의 행방은 어떻게 됐나?
— 그 뒤에 당선인이 개인 돈으로 변제했다. '세광'이랑은 당선
  자가 옛날에 같이 근무하며 가깝게 지내던 사이였다더라.
Q. (세광공업) 대표가 당선자랑 가깝다는 말인가?
— 모르겠다. 그럴 것이다. 당시 관계자들도 다 조사했다. 당선
  자 개인 돈으로 세광의 돈을 메웠다. 추적해서 확인했던 내
  용이다. 문제없이 완료됐다.

이명박이 세광공업 명의로 LKe뱅크에 입금된 수표 5억 원을 이
후 세광에 돌려줘서 모든 의혹이 해소됐다는 것이다. 그게 사실
이라면 특검이 국회에 제출한 보고서는 이 사실을 누락한 것이

된다.

당시 검찰 수사팀 인사는 이명박이 5억 원을 언제 갚았는지는 말하지 않았다. 그건 중요하지 않다. 다스의 하청업체, 세광공업이 이명박의 LKe뱅크 자본금으로 5억 원을 지급한 건 '맞다'는 것이 중요하다. 이 돈은 다스와 이명박의 관계를 설명하는 결정적인 연결 고리가 될 수 있다.

당시 검찰 수사팀 인사는 이명박과 세광공업의 누가 어떤 친분이 있기에 그런 큰돈을 빌려줬는지도 정확하게 설명하지 못했다. 아니, 알면서 설명하지 않았는지도 모른다. '당선자와 옛날에 같이 근무하고 가깝게 지낸 사람'은 누구를 말하는 걸까?

세광공업의 5억 원이 LKe뱅크 계좌에 입금된 시기는 2000년 6월이다. 당시 세광공업의 대표는 이모 씨다. 이명박의 고려대 후배로 알려져 있다. 이씨는 1999년 11월부터 세광공업 대표이사를 맡았다. 그러면서 다스의 상무를 겸직하고 있었다. 이씨는 월급을 두 곳에서 받았다. 다스 상무를 하면서 세광공업 대표이사도 하는 기묘한 두 집 살림은 2000년 4월까지 계속됐다.

당시 세광공업의 대주주는 김진으로 알려져 있다. 김진은 이명박의 매제다. 대표이사 이씨의 직전 대표이사가 바로 김진이기도 하다. 세광공업을 떠난 김진은 후에 다스에서 전무를 거쳐 부사장에 오른다. 그 무렵 세광공업 노동조합은 김진이 대주주로서 회사에 실질적인 영향력을 행사했고, 대표이사 이씨는 월급쟁이 사장에 불과하다고 주장했다. 또 세광공업 경영진이 다스와 복잡한 관계로 얽히고설킨 이유 등을 들어 세광공업을 다스의 위장계열사라고 주장했다.

분명한 건 세광공업은 다스의 협력업체라는 사실이다. 자동차 부품을 만드는 제조업체다. 돈놀이하는 회사가 아니다. 돈을 빌려줬다고 하더라도 그 과정에서 차용증을 쓰긴 썼는지, 이자율은 제대로 쳤는지, 담보는 잡았는지, 이사회 결의를 거치긴 한 건지 불분명하다.

이런 절차는 사실 둘째 문제다. 경주에 있는 제조업체가 아무런 연고도 없는 사인(私人) 이명박에게 돈을 빌려줄 이유가 없다. 당시 이명박은 전직 국회의원에 지나지 않았다. 이명박과 친인척이라거나 선후배라는 개인적인 친분을 내세워 대표이사나 대주주가 회사자금을 꺼내 사사롭게 수억 원을 빌려줬다고 하면 배임 등 법적으로 문제될 소지도 있다.

김경준의 말처럼 이명박이 자신의 모교인 고려대학교에 수억 원을 기부한 직후라 2000년 당시 현금이 부족해 세광공업으로부터 자금을 끌어다 쓴 것인지는 불분명하다. 다만 여러 언론 기사에서 "이명박이 5억 원을 기부해 만든 '이명박 라운지'가 고려대학교에 있다"는 건 확인된다.[*] 이명박 라운지는 고려대 경영관에

* 「고려대 "이름만 빼고 다 바꾼다"」, 《동아일보》, 2005년 5월 3일.
「카터·클린턴처럼 활동하려면 '이명박 스쿨' 만들라」, 《중앙일보》, 2010년 12월 19일.

있다.

고려대학교 측은 이명박이 언제, 얼마를 기부했는지 내역을 공개할 수 없다고 밝혔다. 다만 건물을 짓기 전에 기부를 약정하는 경우가 많다고 했다. 경영관이 2003년 10월 준공됐으니 이명박은 그 이전에 기부를 했다는 것이다. 이명박이 서울시장에 당선돼 재산을 공개하기 시작한 2002년 8월 이후에도 '고려대 기부'로 인한 재산 감소는 없었다. 그렇다면 이명박의 고려대 기부는 2002년 8월 이전에 이뤄졌을 것이다. 다만 그 시기가 김경준이 말한 2000년인지는 불확실하다. 뒤집어 말하면 김경준이 말한 대로 2000년에 이명박이 고려대에 기부했을 가능성도 있다. 고려대 홈페이지를 보면 이명박은 기부자 명예의 전당 '크림슨 자유 클럽'에 이름을 올리고 있다. '크림슨 자유 클럽'의 기부 액수는 1억 원 이상 10억 원 미만이다. 그렇다면 2000년이라고 시기를 특정할 순 없지만 이명박이 1억 원 이상 10억 원 미만의 거금을 고려대에 기부한 건 사실이다.

이명박은 '세광공업 5억 원'을 빼고라도 네 달 새 25억 원을 동원했다. 엄청난 현금 동원력을 가진 이명박이었지만 모교에 기부하느라 당시 현금이 부족했다는 김경준의 주장도 사실일 가능성이 있다. 또한 김경준 주장대로 이명박 몫 동업자금 5억 원을 세광공업이 댄 것도 사실로 확인됐다. 다만 이명박이 "5억 원이 다스에서 오는 자금"이라고 말했는지 진위 여부는 이명박 스스로 입을 열지 않는 이상 확인하기 힘들다. 이명박이 "내가 한 말이 맞다"고 말할 가능성도 지극히 낮다. 여러모로 다스와 세광공업의 관계가 수상쩍은 건 사실이다. 도대체 세광공업이 어떤 회사인지 파헤쳐보자.

세광, 도대체 넌 누구냐?

세광공업은 자동차 시트 레일을 용접해 납품하던 다스의 협력업체다. 1988년 경주에 설립됐다. 처음엔 세부공업으로 시작했다. 그러다 1993년 세광공업으로 사명을 바꿨다. 그리고 2000년 6월에는 이명박의 LKe뱅크 증자금으로 5억 원을 낸다. 5억 원을 누군가에게 선뜻 빌려줄 정도로 세광공업의 곳간 사정이 마냥 넉넉하지는 않았다. 세광공업은 5억 원을 빌려준 이듬해인 2001년 5월 폐업한다.

회사는 "노사분규로 물량 수주가 급격히 감소해 경영 상황이 나빠졌다"며 경영상 사정을 폐업 이유로 들었다. 자금난에다 노동조합의 불법 행동이 이어져 원청회사 다스로부터 신용을 회복해 경영을 정상화한다는 것이 불가능한 상태였다고 주장했다.

노동조합은 사측의 조직적인 노조 파괴 정책에 의해 회사가 문을 닫았다고 반박했다. 2000년 7월 노동조합이 민주노총에 가입한 뒤부터 사측의 노조 탄압이 이어지다 결국 노조원 120여 명을 길거리로 내쫓고 일방적으로 회사 문을 닫았다는 것이다. 노조는 위장 폐업의 배후에는 다스가 있다고 지목했다. 다스가 고용한 용역업체가 폭력을 휘두르며 세광공업 노조 파괴에 나섰다고 주장했다.

"다스와 세광공업은 사실상 한 몸"이라는 세광공업 노조의 주장은 두 회사의 사람들이 얽히고설킨 데서 비롯된다. 임원과 주주가 그렇다.

세광공업 노조는 회사가 문을 닫은 뒤 텅 빈 대표이사실에서 급여지급명세서 뭉치를 발견한다. 그 가운데 대표이사 이모 씨의 급여가 세광공업은 물론 다스에서 이중으로 지급된 것이 확인된다. 대표이사 이씨는 원래 다스의 상무였다. 그런데 그 전에도 세광공업의 대표이사로 있었다.

이씨는 1995년 12월부터 1997년 2월까지 세광공업의 대표이사였다. 그 뒤로는 다스의 상무로 있었다. 그러다 1999년 11월부터 다시 세광공업으로 자리를 옮겨 대표이사를 맡았는데, 이듬해 2000년 4월까지 대여섯 달 동안 세광과 다스 두 곳에서 월급을 받은 것이다. 이씨는 '세광공업 대표이사 → 다스 상무 → 세광공업 대표이사' 순으로 세광공업과 다스를 오갔다.

대표이사직을 이씨에게 넘긴 김진은 세광공업의 주주이기도 했다. 김진은 1997년 2월부터 1999년 11월까지 세광공업 대표로 있다 다스로 자리를 옮겨 전무를 거쳐 부사장 자리까지 올랐다. 한 명은 세광과 다스를 오갔다. 또 다른 한 명은 세광에서 다스로 갔다. 이상은의 아들이자 현재 다스 부사장인 이동형도 세광공업에서 과장으로 있었다. 이렇게 다스와 세광공업의 주요 인물들이 겹친다.

당시 세광공업 노조는 김진이 다스의 전무로 있으면서 실질적으로 세광공업을 장악하고 있다고 의심했다. 다음은 폐업 직후 민주노총이 발행한 문건 가운데 일부다.

세광공업의 대표이사 이○○은 대부기공(현 다스)의 상무 출신으로 소유 지분이 하나도 없는 월급쟁이 사장에 불과하다고 한다. 이○○은 90년대 중반 한때 세광공업 대표이사를 맡기도 했으나, 다른 곳으로 갔다가 99년 말부터 다시 세광공업의 대표이사를 맡고 있는데, 실질적 권한은 거의 없는 것으로 알려져 있고, 실제로 이는 노조의 교섭 과정에서도 확인된 바 있다. 현재 세광공업에 실질적 영향력을 행사하는 자는 대주주(지분율 35퍼센트)인 김진이라는 자인데, 김진은 97년 초부터 99년 말까지 세광공업의 대표이사를 맡았던 자로, 현재도 대부기공의 전무를 맡고 있다고 한다.

2001년 7월, 민주노총 경주시협의회 작성

세광공업 노조는 이런 이유들을 근거로 사측이 위장 폐업으로 노조원들을 부당 해고했고, 원청회사인 다스가 세광공업과 한 몸이자 자신들의 실질적인 사용자라고 주장했다. 그러나 2001년 11월 중앙노동위원회가 내린 결론은 달랐다. 중앙노동위원회는 노조의 주장을 받아들이지 않았다. 먼저 물량 감소 등 사업 부진이 인정됐다. 중앙노동위원회는 세광공업 사측이 임시주주총회를 개최하는 등 절차를 밟아 폐업했고, 세광공업 문을 닫고 새로운 기업을 설립한 사실도 없어 노동조합 활동을 혐오하여 위장폐업했다고 볼 수 없다고 밝혔다. 또 다스가 세광공업의 주주회사도 아니고, 근로계약을 직접 체결한 적도 없어 세광공업 근로자들의 사용자로 볼 수 없다고도 판단했다. 세광공업 대표이사 이씨가 다스를 퇴직한 뒤에도 다스 상무와 세광공업의 대표이사를 겸직한 데 대해서는 "개인의 문제"라고 국한시켰다.

더는 기댈 곳이 없게 되자 세광공업 노조는 상경해 당시 서울시장 후보로 거론되던 이명박을 찾아가 폐업 철회를 요구했다. 2002년 1월부터 이명박의 서울 논현동 집 앞에서 1인 시위를 벌였다. 세광공업 노조가 이명박의 자택까지 찾아 '상경 시위'를 하게 된 노림수는 원청회사인 다스의 회장 동생이자 때마침 서울시장 출마를 고려하고 있는 이명박을 노사분쟁의 한 가운데로 끌어들이고자 한 것으로 보인다. 주변을 시끄럽게 하면 부담을 느낀 이명박이 세광공업의 원청회사이자 큰형 회사인 다스를 통해 해결책을 제시하리란 기대도 있었을 것이다. 그렇다고 하더라도 노조가 세광공업과 법률적으로 한 톨도 엮이지 않은 이명박을 향해 시위를 벌이는 건 생뚱맞다. 이명박은 다스는 물론 세광공업에도 지분이 1퍼센트도, 1주의 주식도 없다. 상경 시위의 또 다른 이유가 있다. 이명박과 세광공업의 가까운 관계가 눈에 띄었기 때문이다.

목장갑 낀 MB

세광공업 노조가 벌인 '상경 시위'의 배경에는 "다스는 이명박 소유"라는 의심과 "다스와 세광공업은 한 몸"이라는 의혹이 자리한다. 의심만 있을 뿐 다스와 세광공업, 이명박의 관계가 법률적으로 드러난 건 아직까지 하나도 없다. 그런데도 원청회사와 하청업체의 전현직 핵심 임원들이 이명박의 친인척인데다, 이명박이 세광공업을 들러 공장을 둘러봤다는 목격담까지 더해져 이런 소문에 대한 믿음을 더 단단하게 했다. 당시 민주노총이 작성한 문건 가운데 일부다.

세광공업에 실질적 영향력을 행사하는 대주주인 김진은 이명박 전 국회의원의 여동생 남편으로 알려져 있고, 실제로 이명박은 2000년 초까지 1년에 한두 번씩 세광공업에 방문을 했는데, 이때 이명박은 VIP 대접을 받으며 대표이사가 직접 나서 수행하는 상황이었다고 현장 노동자들은 전하고 있다.

2001년 7월, 민주노총 경주시협의회 작성

세광공업 노조위원장을 지냈던 최해술도 이명박의 세광공업 방문을 기억했다. 이명박이 내려온다는 말은 두 번 있었다고 했다. 한 번은 이명박이 내려온다고 해서 공장 곳곳을 청소했는데 실제로 내려오지는 않았다고 했다. 자신이 이명박을 본 건 한 번이라고 했다. 이명박이 김진 대표이사 시절 때 세광공업을 찾아 공장을 둘러봤다고 했다. 김진은 1997년부터 1999년 말까지 대표이사를 지냈다. 이명박은 선거법 위반으로 국회의원직을 스스로 내놓은 뒤 1998년 11월 미국 연수길에 올라 1999년 12월 귀국했다. 몇 차례 한국에 귀국해 잠깐 머문 동안 세광공업을 들른 게 아니라면 이명박의 세광공업 방문은 1997년이나 1998년 무렵일 가능성이 크다. 다음은 최해술과의 일문일답이다.

Q. 이명박 전 대통령이 언제 세광공업에 왔나?
— 시장이 되기 전이다. 우리가 노동조합 만들기 전에 왔다.

Q. 그때 세광공업 사장은 누구였나?
— 김진을 만났다. 에쿠스를 타고 와서 목장갑 끼고, 공장 한 번 빙 돌고 나갔다.

Q. 이명박 전 대통령이 뭐라고 말한 건 없나?
— 우리보고 이야기한 건 없다. 소문은 김진 대표이사가 차량을 그랜저로 바꾸고 차고도 만들어 놨는데, 이명박이 공장을 돌고 난 뒤 엄청 욕먹었다더라. 가고 난 다음에 차고도 없애

고 차를 쏘나타로 바꿨다더라. 실제로 김진이 차를 바꾸긴
했다.

Q. 다스와 세광공업이 한 회사라고 주장하는 이유가 뭔가?

— 회사를 옮긴 건 아니지만, 다스의 개발부 직원들이 세광에
와서 연구도 하고, 일도 하고 그랬다.

김진의 차고와 관련된 이야기는 18년 동안 이상은 다스 회장의
운전사를 했다는 김종백의 인터뷰 내용과도 일치한다. 김종백은
《시사인》과 2017년 12월 인터뷰에서 "김진 대표가 300만 원을 주
고 건물 밖에 알루미늄으로 사장 전용 주차장을 만들었다"면서 이
명박이 이 주차장을 발견하고는 "왜 마음대로 이딴 거를 돈 들여
서 지었냐" 호통을 쳤다고 말했다.

세광공업 노조의 상경 시위는 서울시장 선거를 100여 일 앞둔
3월 초까지 이어졌다. 소망교회 앞 시위 도중 마주친 노조원에게
이명박은 "내려가 있으면 해결된다"는 취지의 말을 전한 것으로
알려졌다. 이후 노사 간 교섭이 재개됐다. 2002년 6월 경주 인근
에 '유광테크'라는 새로운 자동차 부품회사가 설립돼 남은 조합원
26명을 고용했다. 그러다 회사는 다른 사람에게 매각됐다. 다스
에서 들어오는 물량도 점점 줄어들었다. 일거리가 줄면서 조합원
들도 하나둘 퇴사하기 시작해 결국 모두 뿔뿔이 흩어졌고, 유광테
크는 설립 이후 2년도 채 되지 않아 다시 문을 닫았다.

세광공업이란 낯익은 이름이 눈에 띄는 곳이 하나 더 있다. 장신대장학재단이다. 이명박 장로가 장신대장학재단의 감사를 하던 1997년, 세광공업이 장신대장학재단에 5천만 원을 후원했다.

장신대장학재단은 장로회신학대학교의 모든 재학생에게 장학금을 주는 것을 목표로 만들어진 재단법인이다. 1993년 장학기금 3억 원을 기본으로 발기인 총회를 갖고, 이듬해 서울시교육청으로부터 재단법인 설립인가를 받았다. 이명박 장로는 1996년부터 서울시장 취임 직전인 2002년 4월까지 장신대장학재단의 감사로 있었다. 장신대장학재단 홈페이지를 보면 역대 이사와 감사에 이명박의 이름이 올리고 있다. 장신대장학재단은 이명박의 소개로 BBK에 4억 원을 투자하기도 했다.

장신대장학재단 홈페이지에 실려있는 '후원자 명단'을 살펴보면 누가 기부금을 냈는지 한눈에 알 수 있다. 누가, 언제, 얼마를 냈는지 시간 순으로 정리해놓았다. 후원자들은 목사와 장로, 권사, 집사, 성도처럼 대부분 교인들이다. 1993년부터 2012년 11월까지 모두 108건의 후원이 있었다. 그 가운데 법인은 세광공업과 금융기관 두 곳 등 모두 세 곳이다. 금융기관들은 장신대장학재단이 맡긴 기금을 운용하는 대가로 챙기는 수수료의 일부를 다시 재단에 기부한 것으로 알려졌다. 사실상 재단에 후원금을 낸 법인은 세광공업이 유일하다고 볼 수 있다.

세광공업은 1997년 12월 15일 장신대장학재단에 후원금 5천만 원을 냈다. 당시 이명박 장로가 재단에 감사로 있었다. 세광공업의 대표이사는 이명박의 매제인 김진이었다. 이러한 사실을 처음으로 확인한 건 2007년 7월 《오마이뉴스》 보도였다.* 이명박이 한나라당 대선 후보로 확정되기 전이었다.

《오마이뉴스》가 확인한 건 이게 다가 아니었다. 장신대장학재단 홈페이지에선 '전산 오류'로 인한 이상한 일이 벌어졌다. 한마디로 요약하자면 '세광공업 = 이명박 장로'로 표기된 것이다.

재단 홈페이지에는 후원자 명단과 함께 재단의 연혁도 시간 순으로 정리해놓았다. 연혁은 사람과 돈의 발자취를 그려놓았다. 초대 이사장부터 시작해 이사장이 바뀔 때마다 누가 취임했는지 정리돼 있다. 또한 재단의 장학기금이 얼마나 불어났는지도 꼼꼼히 기록해뒀다. 재단은 기본적으로 후원금이 들어오면 '기본재산'으로 증자한다. 기본재산은 건드리지 못하게 하고, 여기서 나오는 이자만 인출해 장학금으로 쓸 수 있도록 한 것이다. 예를 들어 A가 5천만 원을 후원하고, B가 5천만 원을 후원하면 도합 1억 원을 기본재산으로 증자해 장학기금으로 쌓아두는 것이다. 재단은 후원자 명단에는 A 5천만 원, B 5천만 원 이렇게 후원자와 금액을 날

---

* 「이명박, 감사로 재직하던 장학재단에 다스의 하청업체가 5천만 원 후원, 왜?」, 《오마이뉴스》, 2007년 7월 4일.

짜와 함께 표시하고, 연혁에는 A 5천만 원, B 5천만 원을 증자해 장학기금이 얼마가 되었다고 기록했다. 같은 걸 두 번 기록한 셈이다. 그런데 후원자 명단에 있는 A는 세광공업인데, 연혁에 있는 A는 이명박 장로로 표시된 것이다.

《오마이뉴스》가 2007년 7월 2일 확인한 장신대장학재단 홈페이지는 다음과 같았다. 먼저 후원자명단에는 세광공업 5천만 원, ○○노회 주님의 교회(성도) 5천만 원, 김□□ 권사 200만 원, 김△△ 장로 300만 원으로 표시돼 있었다. 그런데 연혁을 보면 '세광공업' 자리를 '이명박 장로'가 차지했다. 당시 연혁에는 "98년 3월 집계 이명박 장로 5천만 원, ○○노회 주님의 교회(무명) 5천만 원, 김□□ 권사 200만 원, 김△△ 장로 300만 원, 장학재단 적립금 3,500만 원을 증자하여 장학기금 4억 4천만 원이 되다"고 적혀 있었던 것이다. 세광공업이 이명박 장로로 바뀌었을 뿐, 다른 후원자들의 이름은 '후원자 명단'과 '연혁'이 동일했다. 세광공업만 이명박 장로로 둔갑한 것이다.

《오마이뉴스》보도는 당시 재단 측이 "전산상의 오류가 생겨 이름이 바뀌었다"고 해명했다고 전했다. 세광공업으로 적어야 할 걸 연혁에 이명박 장로로 잘못 기재했다는 것이다. 재단 해명대로라면 세광공업이 후원금을 낸 건 1997년이니까 '전산상 오류'로 10년 가까이 진짜 주인 자리에 이명박 장로가 올라가 있었던 것이다. 제자리를 찾는 건 얼마 걸리지 않았다. 《오마이뉴스》가 "세광공업이 이명박 장로의 후원금을 대신 내 준 것이 아니냐"는 의혹을 제기하자 재단은 '이명박 장로'를 '세광공업'으로 바꿨다.

이명박 측은 "장신대장학재단에 감사로 있었던 것은 사실이지만, 5천만 원을 기부한 적이 없다"고 밝혔고, 김진 전 세광공업 대표는 수차례 통화 시도에도 연락이 닿지 않았다고 《오마이뉴스》는 전했다.

2018년 1월 현재 장신대장학재단 홈페이지에 나온 연혁은 또 바뀌었다. '이명박 장로'든 '세광공업'이든 세세한 후원자 이름은 죄다 사라지고 "기본재산 1억 4천만 원을 증자하여 4억 4천만 원이 되다"라고만 적혀 있다. 현재 재단 측에 그동안 어떤 사정이 있었는지 문의했다. 재단은 세광공업이 1997년 12월 15일 5천만 원을 후원금으로 낸 것은 맞지만, 담당자가 바뀐 지 오래 됐고, 인계도 안 돼 당시 어떤 이유로 홈페이지에 그렇게 표시됐는지, 세광공업이 재단과 어떤 인연으로 후원금을 냈는지 지금으로선 알 수 없다고 밝혔다.

'전산상 오류'로 이름이 잘못 표시됐다는 것도 쉽게 납득하기 힘든 주장이지만, 비슷한 일이 되풀이되는 것도 여러 의문을 낳는다. 세광공업이 이명박의 몫 증자금 5억 원을 선뜻 내놓은 것도 그렇지만, 지방의 한 자동차부품회사가 아무런 연고도 없을 법한 장학재단에 5천만 원을 후원한 이유도 의문투성이다.

그 땅에 들어선 '리틀 다스'

노사가 극한 대립으로 치달으면서 2001년 문을 닫았던 세광공업이 부활했다. '한양실업'이라는 이름으로 다시 문을 열었다. 2010년 7월 부동산 임대업을 사업 목적에 추가하고 영업을 재개했다. 세광공업의 사업자등록번호 505-**-*****를 국세청 홈택스에서 검색하면 2001년 5월 이후 '폐업자'로 나오지만, 2010년 9월부터는 '부가가치세 일반과세자'로 조회된다. 세광공업이 다시 정상적인 사업자가 된 것이다.

한양실업이 세광공업의 후신이라는 건 중소기업현황정보시스템에서도 확인할 수 있다. 중소기업현황정보시스템에 기재된 한양실업 연혁에는 1988년 세부공업으로 시작해 1993년 세광공업으로 이름이 바뀌고, 2001년 폐업한 세광공업의 발자취가 고스란히 나온다. 대표이사를 지낸 김진과 다스 상무 출신 이모 씨의 재직 기간도 확인할 수 있다.

한양실업으로 이름이 바뀐 세광공업의 주주 가운데 한 명은 김진이다. 이 회사 지분 35퍼센트를 갖고 있다. 또 다른 김모 씨가 35퍼센트 그리고 임모 씨가 30퍼센트를 보유하고 있다. 한양실업의 법인등기 주소지는 '경주군 천북면 화산리 844-3'이다. 한양실업과 법인등기상 주소지가 똑같은 법인이 또 있다. 바로 이시형이 김진과 함께 세운 에스엠이다. 법인등기상 주소지가 '경상북도 경주시 천북면 천강로 295-154'다. 얼핏 보면 다른 주소 같지만 똑같다. 하나는 지번주소이고, 다른 하나는 도로명주소다. 이시형이 에스엠 지분 75퍼센트를 갖고 있고, 김진이 나머지 지분 25퍼센트를 갖고 있다. 김진이 에스엠 대표이사다.

에스엠 사업장이 위치한 경주 천북면 일대 토지와 건물은 모두 한양실업 소유다. 에스엠이 옛 세광공업, 한양실업의 공장을 빌려 영업하고 있는 것이다. 이렇게 해서 남들이 '리틀 다스'라고 부르는 에스엠이 옛 세광공업 땅에 들어섰다. 에스엠이 세광공업의 부동산에 기대서 기계나 설비 같은 유형 자산 매입을 최소화하면서 영업하고 있는 것이다.

자본잠식 상태에 빠져 있는 에스엠이 공격적인 기업 사냥에 나서며 2년 새 자동차 시트 부품회사 세 곳을 잇달아 인수한 배경에도 세광공업의 든든한 지원이 한 축을 이루고 있는 것으로 보인다.

세광공업은 LKe뱅크에 증자금 5억 원을 보냈고 장신대장학재단에는 5천만 원을 후원했다. 세광공업의 노동자들은 이명박이 VIP 대접을 받는 걸 목격했다고 한다. 그리고 오랜 시간이 흘러 그 세광공업의 땅에 이시형의 에스엠이 들어섰다. 리틀 다스로 불리는 에스엠은 그 땅에서 입지를 단단하게 다지고 있다. 다스와 이명박의 관계가 의심스러운 것 이상으로 세광공업과 이명박의 관계는 수상하다.

190억 원의 재구성

이명박은 대통령 퇴임 후 '내곡동 사저' 신축 계획을 백지화하고 원래 살던 서울 논현동 자택으로 돌아갔다. 국고를 축냈다는 비판에 직면했고, 눈덩이처럼 불어난 의혹은 임기 말 정권을 뒤흔들었다. 백지화 발표에도 이명박 일가는 특검 수사를 피하지 못했다. 현직 대통령의 아들과 큰형, 부인까지 줄줄이 특검에 불려나가거나 조사를 받는 수난을 겪었다.

우여곡절 끝에 돌아간 논현동 자택은 현재 이명박이 보유한 유일한 부동산이다. 공식적으로 그렇다. 2007년 대선을 코앞에 두고 이명박은 당락 여부와 관계없이 자신의 집 한 채만 남기고 전 재산을 사회에 내놓겠다고 약속했고, 그 약속에 따라 논현동 대지와 건물만 수중에 남게 됐다.

이명박은 기존의 논현동 자택을 재건축해 사저로 삼았다. 서울 강남 한복판에 있던 마당 딸린 2층 집을 허물고 새로 지었다. 붉은색 벽돌 담장 너머 3층 건물로 증축됐다. 층마다 커다란 유리창을 달았고, 나머지 외벽은 시멘트로 마감 처리됐다. 내부는 공개된 적이 없다.

기준 주택은 신축하면서 높아지고 넓어졌다. 건물 연면적은 661.2제곱미터(약 200평형)다. 역대 대통령 사저 가운데 최대다.

대지는 두 필지로 돼 있다. 정원 부분과 건물이 들어선 부분을 더해 1,023제곱미터(약 310평형)다. 임기를 마친 뒤 2013년 4월 관보를 통해 공개된 이명박의 재산은 46억여 원으로 나타났다. 이 가운데 논현동 대지는 14억 2천여만 원, 주택은 54억 4천여만 원이었다. 합쳐서 66억 원이 넘는다. 집 한 채 남기고 다 사회에 내놓았지만, 집 한 채 가격이 으리으리하다.

대선을 앞두고 가회동 한옥으로 집을 옮기긴 했지만 현대건설 사장 시절부터 20년 넘게 이명박 부부와 함께하며 동고동락했던 집이 바로 논현동 자택이다. 논현동 대지와 건물 등기부등본을 떼보면 이명박 부부의 삶도 보인다. 등기부등본에 내곡동과 BBK가 있다.

먼저 김윤옥 여사 명의로 된 정원 부분 땅은 한때 농협에 담보로 잡혔던 걸 확인할 수 있다. 아들 이시형이 내곡동 땅값으로 빌린 6억 원에 대한 담보다. 이 땅값 때문에 내곡동 특검 수사가 시작됐다.

2001년에는 반도체 관련 회사 심텍이 이명박의 서초동 빌딩을 가압류했다. 동시에 주택이 들어서 있는 논현동 땅도 가압류했다. 논현동 부동산 등기부등본에 나온 가압류 금액은 35억 950만 원이다. 심텍은 BBK에 50억 원을 투자했던 회사다. 심텍의 가압류는 BBK가 이명박에게 남긴 흔적이다.

이명박은 BBK와 아무런 관련이 없다고 한다. 그런데 법원이 가압류 신청을 받아들인 영문은 뭘까? 발 빠르게 진행됐던 심텍의 법적 대응을 살펴보자. BBK가 금융감독원으로부터 투자자문 허가가 취소되자 심텍은 투자금을 다 돌려달라고 요청했다. 김경준은 옵셔널벤처스 법인자금을 꺼내 20억 원을 반환하면서 수익금을 포함한 나머지 35억 원을 나중에 돌려주겠다고 약속했다. 약속은 지켜지지 않았다.

심텍은 이명박과 김경준 등을 상대로 사기로 고소하며 이명박의 부동산에 대한 가압류를 신청했다. "이명박이 심텍 측에 자신을 BBK 투자자문의 회장이자 대주주라고 소개하면서 자신을 믿고 투자를 권유했다"는 취지였다. 심텍 측은 고소에 앞서 이명박에게 내용증명으로 편지도 보냈다. 편지 작성인은 심텍 대표이사의 형인 심텍의 주주이자 신용정보회사를 운영하는 채권추심 전문가 전모 씨다. 다음은 편지 내용이다.

저는 최근 심텍이 BBK투자자문에 투자 의뢰한 금액이 금융사기로 추정되는 것에 이르는 것을 보고 경악을 금치 못했고 또한 여기에 존경하는 이명박 회장님께서 깊이 관련되어 있는 사실에 놀라지 않을 수 없었습니다. (……) 이명박 회장님께서 최종적으로 투자가 이루어지기 직전에 직접 전화하여 BBK투자자문 회장으로 있다고 소개를 했으며 BBK투자자문 영업부장인 허모 씨를 통하여 여러 번의 식사 초대를 제의하여 2000년 9월 27일

BBK투자자문 사무실과 중식당에서 미팅을 했고 그때 동석했던 자금부장인 김모 씨와 비서인 또 다른 김모 씨가 있는 자리에서 "내가 BBK투자자문 회장으로 있으며, 대주주로 있으니 나를 믿고 투자를 하면 된다"라고 강조했습니다.

법원은 깐깐했다. 심텍 측이 가압류 신청을 하자 "BBK에서 채무자의 법률상 지위가 무엇인지 밝히라"고 요구했다. 채무자인 이명박이 BBK에서 어떤 역할을 했기에 심텍이 이명박 부동산에 가압류 신청을 하는 건지 따져봐야겠다는 거다. BBK와 아무런 관련도 없다는 사람을 엮어서 돈 받아내겠다는 장단이라면 법원이 거기에 맞춰줬다간 큰일날 일이다. 생사람 잡을 수 없는 노릇이다. 심텍이 자료를 보완하자 법원은 곧바로 가압류 신청을 받아들인다. 가압류 결정번호는 '2001카단5599'였다. 2002년 1월, 심텍은 김경준이 35억 원을 돌려주자 고소를 취하하고 부동산 가압류도 풀었다.

우여곡절 끝에 가압류가 풀리긴 했다. 그러나 법원이 가압류 신청을 받아들이면서 이명박이 BBK에 법적 지위가 있다고 판단한 것은 분명한 사실이다. 법원의 가압류 결정은 이명박과 BBK의 관계가 상당 부분 소명됐다는 것으로 해석됐다. 하지만 당시 법원 기록은 폐기되고 없다. 법원이 본 이명박과 BBK의 법적 관계는 서류로 남지 않게 됐다.

BBK 특검은 이 부분에 대해 "심텍이 투자금을 회수하기 위해 서울시장에 출마하려는 이명박을 무리하게 연루시키는 등 과장된 고소와 가압류 조치를 한 것으로 판단된다"고 결론 내렸다. 먼저 김경준이 심텍에 반환한 55억 원을 추적해보니 김경준이 옵셔널 벤처스 법인자금을 꺼내 쓰거나 김경준의 누나 에리카 김이 미국에서 보낸 것으로 확인돼 이명박과 아무런 관련이 없다는 것을 이유로 들었다. 또한 2001년 검찰 수사 당시 김경준이 자신이 BBK 투자자문의 소유자로서 이명박은 관련이 없다고 한 진술도 근거로 삼았다.

그러나 BBK 특검은 이명박이 "내가 BBK의 회장이자 대주주이다"라고 말했는지 여부는 확인하지 못했다. 당시 중식당 식사 자리에 동석했던 사람은 모두 다섯 명이다. 이명박과 BBK 영업부장이었던 허씨 그리고 심텍의 전모 대표이사와 자금부장 김씨, 비서인 또 다른 김씨였다. 이 가운데 허씨는 이 전 대통령이 그런 말을 한 적이 없다고 부인했다. 이명박도 마찬가지다. 그러나 특검은 나머지 세 명은 조사를 하지 못했다. 대표이사 전씨는 해외로 출국해 대선이 끝날 때까지 귀국하지 않았다. 비서 김씨도 마찬가지였다. 자금부장 김씨도 특검의 출석 요구에 끝끼지 불응했다. 특검은 "내가 BBK의 회장이자 대주주이다"라는 말의 주인이 이명박인지 아닌지 가리지 못했다.

BBK에 투자한 곳은 심텍만이 아니었다. 법인이나 개인이 총

712억 원을 투자했다. 앞서 본 것처럼 심텍이 투자한 돈은 50억 원이었다. 이름이 알려진 회사로는 100억 원을 투자한 삼성생명이 있다. 앞서 본 장신대장학재단도 4억 원을 투자했다. 그리고 다스가 있다. 가장 많은 190억 원을 투자했다. 다스 투자금 190억 원은 지금까지도 이명박의 뒤를 쫓아다니며 여러 의심의 원천이 되고 있다. 그렇게 큰돈을 선뜻 투자한 것을 보면 다스는 이명박 소유고, 다스에서 나온 돈이 BBK에 들어갔으니 BBK도 이명박 소유라는 거다. 동업자였던 김경준도 그런 논리를 펼치고 있다. 이명박이 자기 회사 다스의 자금을 BBK로 빼돌렸다는 것이다. 물론 검찰과 특검의 수사에서는 그렇지 않다고 결론 났다.

다스와 BBK의 징검다리

장신대장학재단에는 자신이 BBK에 투자하라고 권유했다고 말했다. 2007년 한나라당 대선 후보 경선을 치르면서 이명박이 밝힌 내용이다. "장학금 4억 원을 활용하는 담당자가 와서 부탁을 하기에 소개했다"는 것이다. 장신대장학재단은 이명박 장로가 예전에 감사로 있었던 곳이다. 앞서 살펴본 것처럼 후원자 명단에서 낯익은 이름, 세광공업이 발견된 곳이기도 하다.

이명박은 그러나 장신대장학재단에만 권유했을 뿐 심텍이나 삼성생명 등 다른 회사의 BBK 투자는 자신과 전혀 무관하다고 부인했다. 그러나 수사를 하자 권유한 곳이 더 나왔다. 다른 투자에 비하면 금액은 많지 않았다. 이명박은 장신대장학재단 4억 원뿐만 아니라 본인의 친구 부인인 이모 씨 3억 원 등 모두 7억 원의 BBK 투자금을 유치한 것으로 특검 수사 결과 확인됐다. 친구 부인이 자신을 찾아와 투자처를 소개해달라고 부탁하자 이명박이 BBK를 권유했다는 것이다. 하나가 더 나왔다고 하더라도 이명박이 관여한 건 이렇게 딱 두 곳, 7억 원뿐이었다.

어떤 투자보다도 다스의 투자가 가장 예민했다. 이명박이 다스의 BBK 투자에 적극적인 역할을 한 것으로 나타나면 "그것 봐라, 190억 원을 마음대로 주무를 정도니 다스가 이명박 소유 아니냐"는 의심이 커질 게 뻔했다.

다스가 신생 투자자문회사인 BBK 한 곳에 190억 원을 이른바 '몰빵' 투자한 것도 의심스러웠다. 다스는 "협력업체들로부터 받은 약속어음을 할인한 대금으로 투자금을 마련했다"고 주장했다. 어음을 할인해가며 마련한 투자금을 죄다 한곳에 투자할 만큼 당시 다스의 자금 사정이 녹록치만은 않았다.

당시 다스의 재무 상태를 살펴보자. 투자가 이뤄진 2000년 말 기준 다스의 유동자산은 479억 7천만 원, 유동부채는 784억 9천만 원 정도였다. 유동자산은 1년 안에 현금화 할 수 있는 자산을 뜻하고, 유동부채는 1년 안에 갚아야 할 빚을 말한다. 기업들이 부도를 맞거나 휘청거리는 이유는 빚을 갚지 못해서다. 유동부채가 유동자산보다 크면 부채 상환 능력이 떨어져 기업이 쓰러질 위험이 커진다. 당시 다스가 갚아야 할 빚은 동원 가능한 현금의 1.6배 수준이었다.

다스가 회사 곳간에 쌓아둔 돈도 백억 원을 밑돌았다. 투자 직전 해인 1999년 말 다스의 이익잉여금은 97억 원 정도다. 창사 이래 모아놓은 돈이 그 정도다. 다스는 이렇게 어렵게 모아온 돈의 두 배인 190억 원을 한곳에 몰아서 투자한 것이다. 신생 투자자문회사인 BBK와 다스의 인연은 이명박뿐이라는 걸 감안할 때, 이명박의 역할이 없었다는 건 쉽게 납득하기 어렵다.

그러나 특검은 190억 원 투자에 문제가 없었다고 밝혔다. 다스가 이사회 결의를 거쳐 여유자금 안에서 투자한 것으로 확인했다고 발표했다. 계좌 추적을 했더니 190억 원은 모두 다스의 자금이지, 외부에서 빌린 돈은 전혀 없었다는 것이다. 특검은 이명박이 다스의 투자금을 직접 조달한 사실도 없고, 이명박이 다스에 190억 원을 투자하도록 개입한 사실도 없었다고 밝혔다. 2007년 당시 이명박의 설명도 그랬다. "다스에 직접 권유한 사실이 없다"면서 자신을 믿고 맡긴 것이 아니라고 말했다.

이명박이 아니라면 다스에 BBK를 소개한 사람은 누구일까? 특검의 대답은 다소 맥이 빠졌다. 특검은 다스와 BBK 사이에 다리를 놓은 인물은 이명박이 아닌 그의 '영원한 집사' 김백준이라고 답했다. "김백준이 김경준을 믿고, 김경준이 경영한 BBK를 다스에 소개했다"는 것이다. 큰형과 처남 회사인데, 정작 다리를 놓은 건 친인척도 뭐도 아닌 김백준이라니 특검이 이명박을 봐준 것 아니냐는 의심을 살 만도 했다.

이명박은 도곡동 땅이나 내곡동 땅, 다스, BBK를 겨냥한 검찰과 특검 수사에서 모든 혐의와 의혹에 대해 모조리 다 혐의 없음이나 불기소 처분을 받았다. 그래서 법정에 선 적이 한 번도 없다. 하지만 미국에선 달랐다. 미국에서 열린 이른바 'BBK 재판' 서류를 뒤지기로 했다. 이명박의 법정 진술이 있다면 그 의미는 가볍지 않다. 법정 거짓 진술은 위증이나 무고로 처벌될 수 있기 때문이다.

미국에 있는 블로거 안치용의 도움을 얻었다. 한국에서 YTN에서 일하다 미국으로 건너가 뉴욕 한인방송 TKC를 거친 뒤 지금은 1인 블로거로 왕성한 취재를 이어가고 있는 전직 기자다. 2009년 가을, 재벌가 해외 비자금 의혹 취재를 계기로 미국 뉴욕의 한인마을 순댓국집에서 처음 만난 뒤 태평양을 사이에 두고 인연을 이어가고 있다. 나는 그를 안 선배라고 부른다. 안 선배가 발굴한 재벌 해외 비자금 의혹과 전직 대통령 친인척의 해외 은닉 부동산 의혹 관련 자료는 방대하다. 그의 블로그 'Secret of Korea(http://andocu.tistory.com)'에 BBK 재판 서류들도 쌓여 있다.

이명박이 2003년 4월 미국 법원에 낸 진술서가 있었다. 자필 서

수 : 정동은 변호사
2003. 4.

진 술 서

I. 진술인의 인적사항

① 성명 : 이 명 박
② 주민등록번호 : ████████
③ 주소 : ████████████

II. 진술내용

1. 진술인의 학력 및 주요 경력

- 진술인은 고려대학교 경영학과를 졸업하고, 현대건설을 비롯한 여타 7개의 현대계열 그룹회사 대표이사 회장, 미국 아칸소주 명예대사, 대한민국 제14,15대 국회의원, (재단법인) 동아시아연구원 이사장, 한국체육대학 명예이학박사, 미국 조지워싱턴 대학 객원교수, (사단법인) 아태환경NGO 한국본부 총재등을 역임한 바 있습니다.

- 또한 진술인은 대한민국 정부가 수여하는 금탑산업훈장, 체육훈장 백마장 및 거상장, 국민훈장 석류장, 대통령 표창(모범기업인)등의 포상을 받았습니다.

2. BBK와 MAF의 실체

- 진술인은 BBK와 MAF의 실체를 다음과 같이 알고 있습니다.

① BBK는 한국의 금융감독원과 아일랜드의 중앙은행으로부터 각각 투자 자문업의 허가를 받은 공인된 회사임.

2003. 4.

진술인 이명박

명을 포함해 모두 6쪽이다. 진술서는 진술인인 이명박의 주민등록번호와 주소 등 인적 사항부터 시작한다. 이후 이명박이 BBK와의 관계, 진술인과 다스와의 관계 등을 설명한다. "진술인은 법률적·경제적 이해관계에서 BBK투자자문 회사와 다스와는 아무런 관계가 없다"는 게 진술서의 핵심이다.

여기서도 이명박은 다스와 자신은 아무런 관계가 없다고 거듭 강조한다. "본인은 다스의 주주도 임원도 아니었고, 따라서 공적으로나 법률적으로 아무런 관계가 없다"고 밝힌다. 이상은 다스 회장과 자신이 형제지간이라는 사실을 본인과 다스의 관계를 공격하는 근거로 삼는 걸 의식해서인지 현재 이상은 회장은 경영 일선에서 물러나 있다고 덧붙인다. "친형인 이상은이 다스의 주요 주주이자 대표이사 회장으로 있지만, 다스의 실제 운영은 대표이사 사장(CEO)인 김성우의 책임 하에 이뤄져 왔다"는 것이다.

그런데 여기서 특검이 말하지 않았던 내용이 나온다. 특검은 김백준이 BBK를 다스에 소개했다고 하면서 이명박의 역할이 없었던 것처럼 발표했지만, 다스가 애초 어디다 투자하면 좋을지 물어본 건 이명박 자신이라는 것이다. 다음은 다스의 BBK 투자 과정을 밝힌 이명박의 진술 부분이다. 영문으로도 번역돼 법원에 제출됐다.

다스가 자금 면에서 다소 여유가 생긴 데다가 한국 금융시장의 금리 수준이 저금리 체제로 전환됨으로써 보다 유리한 자금 운용 방법의 모색이 필요하게 되자 진술인에게 자문을 청해왔습니다. 진술인은 금융 분야에 대한 전문 지식이 없어 금융상품에 대한 기술적 자문을 제공할 입장에 있지 않아 평소 잘 아는 금융인(김백준)을 다스에 소개했습니다.

DAS had some available funds and Korea's financial market was turning into low interest rate structure. So the company approached the person providing this statement by asking for a consultation to search for a favorable method of capital application. The person providing this statement was not in a position to give any technical consulting since I did not have any expert knowledge in financial field, so I introduced a financier(Paik Joon Kim) to DAS, whom that I have known for quite some time.

이 진술서와 특검 수사 내용을 종합해보면, 다스가 BBK에 190억 원을 투자한 과정은 이렇게 정리된다. 2000년 초 다스가 적당한 투자처를 묻자 이명박이 김백준을 다스에 소개시켜줬고, 이후 김백준이 다스에 BBK 투자를 권유했다는 것이다. 김백준의 권유로 다스가 BBK에 투자하게 됐지만, 그 사이에 다리를 놓아준 건 이명박이었던 것이다. 이명박이 다스와 BBK 사이를 잇는 고속도로는 아니더라도 최소한 징검다리 역할은 한 셈이다.

그런데 이명박은 자신이 다리를 놓아준 김백준이 다스에 BBK를 소개한 걸 바로 알지는 못했다고 BBK 특검 조사에서 진술한다. 이명박에게 투자할 곳을 물어본 다스나 자신이 다스에 다리를 놓아준 김백준이나 양쪽 다 BBK에 투자했다는 사실을 이명박에게 바로 알리지는 않았다는 것이다. BBK 특검은 수사 발표를 닷새 앞두고 당시 대통령 당선자였던 이명박을 한정식집에서 만나 꼬리곰탕을 먹으며 세 시간 동안 조사했다. 음식 메뉴에 빗대 꼬리곰탕 특검이란 비판도 나왔고, 특검 측은 "밥 때가 됐는데 피조사자에게 밥을 먹지 말라고 하는 게 맞냐"면서 "밥만 먹은 게 아니라 전체적인 얘기를 듣는 데 식사 시간을 할애했다"고 반박했다. 다음은 특검이 그렇게 조사한 이명박의 진술 내용이 나와 있는 국회 제출 보고서 가운데 일부다.

> 2006. 6.경 다스에서 BBK에 50억 원을 송금한 뒤로 다스의 대주주인 김재정(당선인의 처남)으로부터 다스에서 50억 원을 투자했다는 말을 듣게 된 것이지, 다스에 투자를 권유한 사실이 없음(김백준도 자신이 다스에 BBK 투자를 권유한 것이라고 진술)

이명박은 다스의 BBK 투자를 다스의 대주주이자 자신의 처남인 김재정에게서 들었다고 진술했다. 그것도 투자가 진행되고 한참 뒤에서야 알았다는 것이다. 다스의 투자 문의는 2000년 초에 있었고, 이명박이 다스의 BBK 투자 사실을 알게 됐다는 건 2000년 6월이니 그사이에 반년 정도가 지난 셈이다.

다스의 BBK 투자는 한꺼번에 이뤄지지 않았다. 2000년 3월과 10월, 12월 세 차례에 걸쳐 자금 운용을 맡기는 투자일임계약서가 다스와 BBK 사이에 체결됐다. 3월 50억 원, 10월 50억 원, 12월 90억 원 모두 190억 원이다. 첫 계약에 따른 투자금 50억 원은 4월 15억 원, 5월 24억 원, 6월 11억 원 이렇게 세 차례 나눠서 송금됐다. 이명박이 다스의 BBK 투자 사실을 전해들은 건 이렇게 첫 계약에 따른 투자금 50억 원의 송금이 마무리된 6월이라는 것이다. 이렇게 되면 다스의 190억 원 BBK 투자 과정 도중에 이명박이 다스의 BBK 투자 사실을 인지하게 됐다는 것은 분명해진다.

다스의 '190억 원' BBK 투자 일지

1차 투자	2000년 3월 28일 50억 원 투자일임계약 체결	4월 27일 15억 원 송금
		5월 22일 24억 원 송금
		6월 8일 11억 원 송금
2차 투자	2000년 10월 6일 50억 원 투자일임계약 체결	10월 10일 50억 원 송금
3차 투자	2000년 12월 28일 90억 원 투자일임계약 체결	12월 30일 90억 원 송금

이명박의 주장대로 50억 원 투자가 있기 전까지는 몰랐다고 하더라도 이명박이 이후 나머지 140억 원의 투자 사실은 알았을 개연성이 있다. 두 번째 계약이 이뤄지던 10월부터는 이명박의 동업자였던 김경준이 직접 다스 본사가 있는 경주로 내려가 추가 투자를 권유하기도 한다. "수익률을 높이기 위해서는 좀더 많은 자금이 필요하니 여유 자금이 있다면 추가로 투자하라"고 했다는 것이다. 또한 3차 투자도 김경준이 나섰다. "연말에 수익률이 좋은 상품들이 많이 있다"면서 추가 투자를 권유했다는 것이다.

이명박이 이후 나머지 140억 원의 투자 과정을 당시 알고 있었을 개연성은 크지만 단정할 순 없다. 수사 보고서에도 이런 내용은 찾을 수 없다. BBK 특검은 "이 사건은 BBK에서 유치한 투자금을 누가 관리, 운용했고, 그 돈을 옵셔널벤처스 주식 매수 자금 등에 사용하면서 주가조작을 했는지가 쟁점"이라면서 "누가 투자를 유치했는지는 직접적 관련이 없다"고 선을 그었다.

한 가지 흥미로운 사실은 있다. 공교롭게도 BBK가 다스에 돌려준 50억 원은 이명박 자신이 모르고 있었다는 다스의 BBK 1차 투자금 50억 원과 액수가 일치한다.

나중에 다스 실소유주 의혹의 새로운 불씨가 되기도 하지만, BBK는 다스의 투자금 190억 원 가운데 50억 원만 순순히 되돌려줬다. 다른 투자자들에게는 다 돌려줬지만, 다스에만 돌려주지 않은 게 있었다. 140억 원이었다. 다스는 못 받은 140억 원에 대해서는 도망간 김경준 부부를 상대로 미국 법원에 투자금 반환 소송을 제기한다. 소송은 지금까지 이어지고 있다. BBK 사건은 그래서 끝나지 않았다.

집사와 변호사

이명박이 서울시장에 당선된 직후인 2002년 7월 20일, 김경준의 누나인 에리카 김에게 영문 편지 한 장이 팩스로 발송된다. 김경준이 부인과 함께 미국으로 달아난 이듬해였다. 편지는 이명박이 이사장을 지냈던 동아시아연구원(EAST ASIA FOUNDATION) 이름이 인쇄된 업무용 용지에 작성됐다. 이 편지는 나중에 미국 법원에도 제출됐다.

발송인은 김백준이다. 김백준은 'On behalf of M.B. Lee', 즉 이명박 당시 서울시장을 대신해 보낸다고 밝힌다. "대부기공(다스의 옛 이름)의 MAF(BBK의 역외펀드) 투자금 반환과 하나은행의 LKe뱅크 투자금 회수 등이 아직 해결되지 않아 MB가 매우 어려운 상황에 처해 있다"면서 "이 같은 문제를 해결하기 위해 필요하다면 김경준을 만나기 위해 로스앤젤레스를 방문하겠다"는 내용이었다.

대부기공이 BBK에 투자했다 돌려받지 못한 140억 원과 이명박과 김경준이 동업했던 LKe뱅크에 하나은행이 투자했던 5억 원을 언급했다. 이명박이 김백준을 내세워 2002년부터 다스의 투자금 140억 원을 반환받기 위해 애쓴 것이다. 다스의 BBK 투자 과정에 이명박이 개입하지 않았다고 하지만, 다스의 투자금 반환 과정

EAST ASIA FOUNDATION

Yungpo Bldg. 1709-4, Seocho-Dong, Seocho-Ku, Seoul, Korea
Tel : (02) 536-5967~9   Fax : (02) 594-0728
Home Page: http://www.mblee.or.kr
E-mail: mb2181@chollian.net

· DATE : July 20, 2002

· TO : Ms. Erica Kim   · FAX NUMBER: 213-380-9302

· FM : P. J. Kim

                    # OF PAGES(INCLUDING THIS COVER SHEET) : 1
· Re :

Dear Ms. Erica Kim,

I am afraid but we must ask you again to let us have your assistance in settling the pending problems in relation to your brother's business.
As a matter of fact, Mr. M. B. Lee is in a very difficult position because the pending problems such as redemption of Daebu's investment from MAF and repayment of Hana Bank's investment in LK eBank have not been settled yet. We have no way to contact Mr. Kyung Joon Kim and Ernst & Young, the liquidator of MAF.
If necessary for the settlement of the above, I may visit Los Angeles to meet Mr. Kyung Joon Kim.
Looking forward to hearing from you soonest possible.

Sincerely,

Paik Joon Kim
On behalf of M.B. Lee

EK.E
ExH

264

에는 김백준을 대리인으로 해 김경준과 접촉하기 위해 노력한 것은 분명하다.

이후 다스는 돌려받지 못한 투자금 140억 원을 받기 위해 2003년 5월 미국 법원에 소송을 제기한다. 2004년 2월에는 이명박도 하나은행 투자금 5억 원을 포함해 LKe뱅크 투자금 35억 원을 되찾기 위해 소송을 제기한다. 2004년 6월에는 김경준이 횡령한 법인 자금을 되찾으려는 옵셔널캐피탈도 소송에 가세한다. 김경준의 재산을 쟁탈하기 위한 소송 전쟁이 벌어진 것이다.

소송 전쟁 와중에 미국 연방검찰은 김경준과 에리카 김 소유의 670만 달러 상당의 비버리힐즈 저택 두 채와 알렉산드리아 인베스트먼트(Alexandria Investment LCC) 명의의 1530만 달러가 입금돼 있는 스위스의 크레딧스위스뱅크 계좌 등 김경준 일가의 재산을 동결해 자물쇠를 채워놨다. 알렉산드리아는 김경준의 딸 이름이다. 김경준이 딸 이름을 딴 유령회사를 세워 스위스에 돈을 숨겨놓았던 것이다. 알렉산드리아는 나중에 140억 원을 놓고 다스와 옵셔널캐피탈이 소송을 벌이는 BBK 사건 2라운드의 도화선이 된다.

이명박 측 BBK 관련 소송은 대리인 김백준이 도맡았다. 김백준은 2007년 9월 미국 법원에 위임장을 제출한다. 자신이 이명박과 LKe뱅크 대리인이라며 LA에서 활동하고 있던 김재수 변호사를 공식 변호인으로 지정한다는 내용이었다. 김재수는 대선 직전인 같은 해 11월에는 한나라당 클린정치위원회 해외대책팀장을 맡게 된다. 클린정치위원회는 BBK를 비롯해 이명박 당시 대통령 후보에게 쏟아지던 의혹들에 대응하기 위해 만들어진 기구다. 김재수는 서울과 LA를 오가며 BBK 문제와 김경준의 한국 송환 문제에 대한 대책 수립과 실무를 맡았다.

이명박은 대통령 취임 첫 해인 2008년 5월 김재수 변호사를 LA 총영사로 임명한다. 'BBK 소방수'가 총영사로 임명된 셈이라 '보은 인사' 논란이 일었다. 김재수가 내정 당시까지 BBK 사건과 관련해 이명박 대통령의 변호인을 맡고 있었다는 보도까지 나왔다. 게다가 김재수는 외무공무원법상 공관장을 맡을 수 없는 미국 영주권자로 드러나 또다시 논란이 일었다. 그는 영주권을 포기한 뒤에야 총영사를 맡을 수 있었다.

이명박 당시 대통령은 영원한 집사로 불리는 김백준도 곁으로 불러들여 청와대 안살림을 맡긴다. 이렇게 해서 BBK 사건을 도맡았던 집사와 변호인이 이명박정부 안으로 들어가게 된다.

다시 몇 년이 흘렀다. 로스앤젤레스 연방법원은 2011년 2월 8일 김경준이 옵셔널캐피탈에 371억 원을 돌려줘야 한다고 판결한다. 하지만 승소 판결 직전 옵셔널캐피탈 주주들이 받아야 할 돈의 절반 가까이가 다스로 이체된 사실이 드러난다. 2011년 2월 1일 김

※ 「김재수는 이명박 변호사였다」, 《한겨레21》 제709호, 2008년 5월.

경준 측이 스위스 크레딧스위스뱅크에 예치 중이던 알렉산드리아 인베스트먼트 계좌에서 140억 원을 꺼내 다스 측에 송금한 것이다.

사정은 이랬다. 다스는 2007년 김경준 측 자산이 예치된 스위스에서도 따로 김경준 측을 고소했다. 스위스 검찰은 다스가 김경준을 돈세탁방지법 위반 혐의로 고소하자 알렉산드리아 인베스트먼트 계좌를 동결했다. 그러던 중 다스가 김경준 측과 합의해 돈을 받게 됐다는 합의서를 제출하자 스위스 검찰은 크레딧스위스뱅크에 다스로 송금할 것을 명령하고 동결을 풀어준 것이다. 비밀합의서의 내용은 공개되지 않았다.

때마침 미국 법원의 압류도 해제된 상태였다. 미국 연방검찰이 김경준의 스위스 계좌에 대해 동결 조치한 데 이어 이 계좌에 들어 있는 돈이 사기 등 범죄로 얻은 수익이기 때문에 국고로 몰수해야한다며 소송을 제기했지만, 법원이 검찰이 제시한 증거를 신뢰할 수 없다며 받아들이지 않아 압류는 해제돼 있었다. 이틈을 노려 140억 원이 송금된 것이다. 다스가 스위스 검찰에 김경준 측을 고소한 건 미국 법원이 압류를 해제한 뒤 한 달 만이었다. 귀신같이 발 빠른 대처였다.

뒤늦게 140억 원 송금을 알아차린 미국법원은 김경준의 동결된 스위스은행 계좌 재산이 다스가 아닌 옵셔널캐피탈에 우선 지급돼야 한다고 판단했다. "알렉산드리아 인베스트먼트의 크레딧스위스뱅크 계좌 등은 미국 사법권 관할 아래에 있다"며 "다스와 김경준이 허락 없이 이 자산을 건드렸다"고 지적했다. 압류가 잠깐 해제돼 자물쇠는 풀렸을지 모르지만, 미국 사법권 관할 아래에 있다는 의미로 빨간 딱지는 붙어 있었다는 뜻이다.

옵셔널캐피탈 측은 다스를 상대로 또 다른 소송을 시작했다. "다스가 김경준 측으로부터 스위스 은행에서 140억 원을 돌려받은 것은 불법"이라고 주장했다. 1심 재판부는 김경준 측이 옵셔널캐피탈이 아닌 다스를 선택해 송금한 것은 '소송 관련 행위의 자유를 보장하는 특별법', 이른바 '소송 특권'에 따른 적절한 행위였다는 취지로 다스의 손을 들어줬다. 하지만 항소법원은 2014년 1월 1심 판결을 뒤집고 다스와 김경준 간의 거래는 불법이라고 판결했다. 판결문은 "김경준 측의 크레딧스위스뱅크 알렉산드리아 인베스트먼트 계좌에 있던 돈은 옵셔널캐피탈에서 횡령한 돈이 입증됐다"며 "140억 원은 사기성 이체이며 사기성 이체는 소송 특권에 해당되지 않는다"고 밝힌다. 옵셔널캐피탈이 다스를 상대로 승소한지 4년이 지나도록 최종 재판은 지연되고 있다.

크레딧스위스뱅크 계좌에서 송금 받은 140억 원은 2011년 회계연도 다스의 감사보고서에서 확인할 수 있다. 136억 8천만 원이 '영업외 수익'으로 반영된다. 다스는 이미 돌려받았던 50억 원에 이어 140억 원마저 돌려받으면서 투자금 100퍼센트를 일단 되찾았다.

김재수 총영사는 2011년 2월 16일 퇴임하고 다시 변호사로 돌아간다. 2011년 2월 초 크레딧스위스뱅크에서 다스로 140억 원이 이체된 직후였다. 최근 다스가 김경준으로부터 140억 원을 돌려받는 과정에서 이명박정부 청와대가 개입했다는 의혹이 불거지면서 김재수는 다시 무대로 소환됐다.《시사인》은 여러 문건들을 공개하며 청와대 개입 의혹을 제기했다.＊ 2008년 11월 미국 LA에서 다스 관계자와 당시 LA 총영사였던 김재수가 참여해 다스의 140억 원 소송과 관련한 대책회의를 했다는 문건과 이명박정부 청와대가 작성했다는 '김경준 관련 LA 총영사의 검토 요청 사안'이란 문건 등이 나왔다.

　현재 김재수는 피고발인 신분이다. 옵셔널캐피탈 측이 이명박과 함께 김재수를 직권남용 혐의로 고발했다. 김재수는 미국에 머물고 있다. 최근 국내 언론에 얼굴을 드러내기도 했지만, "140억 반환 과정에 깊숙이 개입했나" "한국에 들어가서 수사 받을 의향은 있나" "청와대에서 만들었다는 'LA 총영사 검토 요청 사안 문건' 직접 요청했나" 등 쏟아지는 질문에 아무런 대답을 하지 않았다.＊＊ 김백준은 현재 당시 대통령의 지시도 국정원 특수활동비를 건네받았다는 혐의로 구속돼 재판에 넘겨졌다. 이명박 전 대통령

＊　「다스의 140억 MB가 빼왔다?」,《시사인》제519호, 2017년 8월.
＊＊　「다스 140억 핵심인물' 김재수, 단독 만남…당황한 모습」,《SBS 8시뉴스》, 2018년 1월 12일.

의 '영원한 집사'와 'BBK 변호사'가 백척간두에 서 있다.

여기에다 삼성이 다스의 소송 비용을 대납한 정황까지 불거지면서 이명박 전 대통령도 벼랑에 몰리고 있다. 검찰은 BBK에 투자한 돈 140억 원을 돌려받기 위해 다스가 김경준을 상대로 미국에서 진행한 소송 비용 수십억 원을 삼성이 대신 낸 걸로 보고 있다. 이명박 측은 대납 자체가 없었다며 부인하고 있다. 그러나 사실이라면 뇌물에 해당돼 이명박에겐 치명적이다.

에필로그

공유지의
희극

옛날 어느 마을에 한 목초지가 있었다. 풀이 무성했다. 울타리도, 주인도 따로 없었다. 자기 집 가축에게 풀을 뜯게 해도 돈 낼 필요가 없었다. 경쟁적으로 자기 집 가축을 가능한 한 많이 풀어놓았다. 내 땅이 아니니 마음대로 써도 된다는 심보였다. 결국 그곳은 황무지가 되었다. 공유지의 비극(The Tragedy of the Commons)이다. 생물학자 가렛 하딘(Garrett Hardin)이 제시한 개념이다. 책임과 권한, 이익과 비용이 울타리 처져 있지 않고 애매할 경우 이렇게 비극이 발생하는 게 일반적이다. 인간은 욕심을 부리게 마련이고 욕심이 끝까지 치달으면 모두 망한다. 모두의 것은 누구의 것도 아니다.

이명박 일가에게는 비극은 없었다. 공유지의 희극(The Comedy of the Commons)이란 말이 어울린다. 그들은 수십 년에 걸쳐 한 주머니 쓰듯 경제적 이익을 서로 공유하고 주고받았다. 다툼은 없었고, 공유지의 자원은 고갈되지 않았다. 검찰과 특검 수사에서 밝혀진 걸 보면 그렇다.

먼저 모든 의혹의 뿌리 격인 서울 도곡동 땅을 살펴보자. 맏형 이상은이 두부 팔고, 쌀 팔아 도곡동 땅 투자 종잣돈을 마련하는 데 이상득, 이명박 두 동생들이 사장, 회장으로 있던 회사가 큰 힘이 됐다. 이상득은 선뜻 5천만 원도 내놨다. 이상은은 단숨에 100억 원을 벌었다.

목장에서 젖소 키우던 이상은은 기업인으로 변신한다. 도곡동 땅 판 돈이 밑천이 됐다. 자동차 부품회사, 다스를 차렸다. 현대자동차에 납품하며 회사 덩치를 키웠다. 때마침 이명박이 현대그룹 임원이었다. 이명박 현대건설 사장은 정세영 당시 현대차 회장에게 얘기해 다스가 안착할 수 있도록 도왔다. 이명박은 다스가 필요하다기에 건물도 하나 헐값에 넘겼다. 다스의 성장세는 가팔랐다. 매출도 1조 원을 넘어섰다. 이명박이 대통령으로 있던 5년 동안 폭발적으로 성장했다. 다스는 이명박의 동업자 김경준의 투자자문회사 BBK에 190억 원을 투자하기도 했다. 이명박, 김경준이 손잡았던 LKe뱅크에는 다스 협력업체가 5억 원을 내줬다.

이상은은 조카 이시형을 채용해 전무이사까지 초고속 승진을 시켜줬다. 조카 사랑은 이시형에게만 국한됐던 게 아니다. 이상은은 이상득 아들 이지형에게는 공시지가 70억 원대의 땅을 증여했다. 이시형이 땅 사는 데에도 현금 6억 원을 빌려줬다.

선거 때도 도왔다. 이상은이 이시형에게 빌려 준 돈은 원래 이상득이 7선 의원에 도전하면 주려고 모아뒀던 돈이다. 이상은은 이명박이 국회의원 출마했을 땐 다스의 회사자금으로 선거운동원 월급을 지급하거나 여론조사 비용을 대신 내주는 식으로 수천만 원을 지원한다. 검찰에 적발된 돈이 그렇다.

공유지의 희극은 이명박 삼형제에게만 어울린 말이 아니다. 이명박 처가댁과도 마찬가지다. 이상은이 다스를 세운다고 할 때도 김재정이 자본금뿐만 아니라, 창업 준비 자금도 모두 다 대줬다.

토목공사업체를 운영하던 김재정은 이명박이 회장을 지낸 현대건설로부터 하도급을 받아가며 재산을 불렸다. 이명박의 부동산도 관리했다. 김재정은 이명박이 팔아달라고 맡긴 충북 옥천의 땅을 자신의 명의로 돌려놓았다. 김재정은 이명박이 국회의원 선거에 출마했을 때에는 선거기획단 사무실도 빌려줬다.

모두의 것은 누구의 것도 아니다. 하지만 이명박 일가에게 모두의 것은 모두의 것처럼 보였다. 이병모의 존재가 그렇다. 이병모는 이상은의 사람이자, 이명박의 사람이자, 김재정의 사람이었다.

공유지의 희극이든, 비극이든 경제적 이익과 비용을 한 집안 내에서만 나눠쓴다면 별다른 문제가 없다. 형제끼리 우애가 돈독해 다툼이 벌어지지 않는다면 공유지의 비밀이 밖으로 새어나갈 일도 없다. 물론 집안일을 도와주는 사람들 입단속도 잘 해야 한다. 세대가 바뀐다면 돈독한 우애에 금이 가 희극이 비극으로 뒤바뀔 위험도 있다. 그래서 중요한 건 보안이다. 비밀이 새 나가지 않도록 항상 잡도리해야 한다. 공유지의 비밀이 지켜지기만 한다면 보다 넓은 공유지를 확보하고 다른 목장 소나 양이 공유지에 넘어오지 않도록 울타리를 높이 치는 게 중요해진다.

그러나 공사(公私)의 문제를 엄격하게 구별해야하는 공인(公人)이 공유지의 경제에 참여하게 되면 따져야할 게 많아진다. 자신이 공복(公僕)이라면 나랏일과 사사로운 개인의 일을 뚜렷이 구분해야 한다. 우리 일가가 함께하는 공유지의 이익을 위해 다른 공복을 사사로이 동원해서도 안 된다. 돈도 그렇다. 아무리 적은 돈이라도 자기 주머니에서 꺼내 써야 될 돈을 국고에서 빼 써서는 안 될 일이다.

그르친 공사

대통령 아들이 땅을 사면서 국고가 축났다. 검찰 공무원들이 수사에 투입됐다. 미흡한 수사는 특검 수사로 이어지면서 예산이 투입됐다. 그 땅을 다시 국가가 사들이느라 장관들이 머리를 맞대고 앉았다.

2012년 9월 25일, 이명박정부 41번째 국무회의가 정부 중앙청사에서 열렸다. 법률안 등 모두 64건이 상정됐다. 이시형 명의의 토지를 매입하는 비용으로 11억 2300만 원을 예비비로 지출하는 안건도 올라왔다. 예비비란 예측할 수 없는 예산 지출에 대비해 용도를 결정하지 않고 예산에 미리 잡아두는 돈이다. 예비비로 잡아뒀던 나랏돈으로 이시형의 땅을 정부가 살지 말지 결정하는 자리였다. 박재완 기획재정부 장관의 발의가 있었다.

내곡동 사저 부지는 모두 9필지로, 그 중 6필지는 경호처 단독 지분으로 되어 있고, 3필지는 경호처와 이시형 씨가 공동으로 지분을 가지고 있음. 현재 경호처 지분의 부지는 기획재정부로 이관되어 일반 재산으로 관리되고 있고, 이시형 씨 소유 지분은 국유 재산으로서의 활용 가치를 높이고, 다양한 용도 전환을 위해서 국가에서 매입하는 것이 적절하다고 생각함.

이명박정부 '제41회 국무회의 회의록' 중 일부

안건은 원안대로 처리됐다. 예비비를 지출하기로 했다. 김황식 국무총리가 회의를 주재했다. 박재완 기획재정부 장관, 이주호 교육과학기술부장관, 맹형규 행정안전부 장관, 최광식 문화체육관광부 장관, 서규용 농림수산식품부 장관, 홍석우 지식경제부 장관, 임채민 보건복지부 장관, 유영숙 환경부 장관, 이채필 고용노동부 장관, 김금래 여성가족부 장관, 권도엽 국토해양부 장관, 고흥길 특임장관 등 국무위원들이 참석했다. 안호영 외교통상부 제1차관과 김천식 통일부 차관, 길태기 법무부 차관, 이용걸 국방부 차관은 장관을 대신해 대리 출석했다.

이 자리에서 국무위원들 간에 구체적으로 어떤 말이 오갔는지 알 수는 없다. 정보 공개 청구는 "속기록은 대통령기록물로 지정돼 공개 대상이 아니"라는 이유로 거부됐다. 다만 상정 안건들이 정리돼 있는 회의록만 공개됐다.

이후 이시형의 땅 매입은 일사천리로 진행됐다. 예비비 집행 의

결 사흘 뒤인 9월 28일 기획재정부 공무원이 이시형을 만나 계약한 것으로 알려졌다. 10월 4일에는 땅값을 지급하고 등기 이전 절차를 밟았다. 내곡동 땅은 내곡동 특검 출범을 앞두고 국가 땅이 됐다.

청와대 대통령실은 "내곡동 사저 부지도 구입한 가격 그대로 국가에 매각돼 국고의 손실 없이 원상 회복이 이뤄졌다"며 특검 수사 기간 연장을 거부했다. 특검은 맞받아쳤다. "국가가 당장 사용할지 여부가 불투명하고 대부분이 개발제한구역인 토지를 구입하는 데 54억 원을 낭비한 것이어서 전체적으로 국가 재정의 낭비를 초래했다"고 꼬집었다. 경호처 부지까지 더하면 어떻게 될지도 모를 땅에 54억 원을 허투루 썼다는 것이다.

2018년 2월 현재, 특검 수사 대상에 올랐던 내곡동 땅에는 한국자산관리공사 명의의 팻말이 꽂혀 있다. 안내문이다. "본 토지(건물)는 국민의 소중한 나라재산으로 허가 없이 사용할 경우에는 변상금 부과 처분 등의 불이익을 받을 수 있습니다. 소중한 나라 재산이 훼손되지 않도록 많은 협조 부탁드립니다." 팻말 주변에는 잡초만 무성하다. 내버려진 채 5년 넘는 시간이 흘렀다. 도심 외곽이라 제값 받고 다시 팔기도 힘들다. 54억 원짜리 애물단지다.

공과 사의 경계가 허물어진 건 이뿐만이 아니다. 이시형 전세금으로 전달된 수표를 마련하는 데에도 공무원들이 여럿 동원됐다. 돈의 주인은 아직도 오리무중이다. 다스의 140억 원 문제도 그렇다. 이명박정부 공무원들이 다스가 김경준한테 140억 원을 돌려받는 데 개입했다는 의혹이 사실이라면 공과 사를 구분하는 걸 그르쳐도 한참 그르쳤다. 국정원 특수활동비나 청와대 특수활동비를 아무렇게나 썼다면 나랏돈을 제 것처럼 쓴 것이다.

정직의 무게

이명박의 재산이 얼마인지 알자는 게 아니다. 부정한 방법으로 모은 재산이나 은닉 재산을 따져보자는 것이다. 이명박이 말하는 '정직'의 무게를 달기 위해서다. 공인 이명박이 《국회공보》나 《서울시보》《관보》 등을 통해 해마다 재산을 공개했던 것도 바로 그런 이유다. 그게 아니라면 우리가 이명박 집에 얼마짜리 그림이 걸려 있고, 결혼 예물로 주고받은 다이아몬드가 몇 캐럿짜리인지 시시콜콜한 내역까지 알 필요가 없다.

이명박은 여러 차례 검증대에 올랐다. 그때마다 통과했다. 그런데도 "다스는 누구 겁니까"라고 다시 묻는다면 둘 중 하나다. 이명박의 주장대로 흠집 내기 식 정치 공세거나, 과거의 검증이 미흡했기 때문이다.

꼼꼼히 기록하다 보면 우리가 놓쳤던 것들도 모습을 드러낸다. 기록하는 이유는 '아차' 하면 되풀이 될 일들을 반복하지 않기 위해서다. 이시형의 땅을 사들이는 국무회의 자리에 누가 참석했는지 한 명, 한 명 기억해야 할 이유도 거기에 있다.

공인은 자신의 권한과 책임을 분명히 해야 한다. 시민이 권력을 위임한 대통령이라면 그 무게는 더 무겁다. 정직의 무게도 그렇다. 태산처럼 무겁다. 이명박은 2007년 대선을 치르면서 모든 의혹에 대해 수없이 부인했다. 세 번 이상 부인했다. 정직했다면 걱정할 건 없다. 하지만 정직이 거짓으로 드러나게 되면 그가 치러야 할 책임은 상상하기 힘들다.

검찰 수사가 이어지고 있다. 재판에 넘겨진다면 대법원까지 몇 년이 걸릴지 모른다. 이 기록을 이어가겠다는 약속도 정직하게 남긴다. 그게 기자의 밥벌이다. 나는 기자다.

감사의 말

글 쓰는 내내 법률적 자문과 조언을 한 임정근 변호사에게 큰 빚을 졌다. 한마디도 가볍게 넘기지 않은 이정섭 세무사에게도 감사의 마음을 전한다. 빨간 줄 쳐가며 매의 눈으로 지루한 글을 읽어준 이학수 기자, 고맙다. 힘든 시절 서초동의 여름과 겨울을 함께 보냈던 김준석, 강연섭 기자 고생했다. 이 책의 절반은 당신들이 썼다. 이름을 밝힐 수 없는 형님들, 그리고 용띠 모임 벗들, 항상 신세만 진다. 짧은 시간 책 내느라 고생했을 다산북스 콘텐츠개발 6팀에게도 감사의 마음을 전한다. 그리고 나의 과거, 양가 부모님 감사합니다. 나의 미래, 지민과 하빈, 그리고 나의 현재, 조윤정 기자 고맙고 사랑한다. 마지막으로 MBC 선후배님들, 고맙습니다.

MB의 재산 은닉 기술

이명박 금고를 여는 네 개의 열쇠

초판 1쇄 인쇄 2018년 3월 2일
초판 1쇄 발행 2018년 3월 8일

지은이 백승우
펴낸이 김선식

경영총괄 김은영
기획편집 최지인 **책임마케터** 이고은, 기명리
콘텐츠개발6팀장 백상웅 **콘텐츠개발6팀** 백상웅, 신종우, 최지인
마케팅본부 이주화, 정명찬, 최혜령, 이고은, 이승민, 김은지, 배시영, 유미정, 기명리
전략기획팀 김상윤
저작권팀 최하나
경영관리팀 허대우, 권송이, 윤이경, 임해랑, 김재경, 한유현
외부 스태프 본문디자인 김영길 **표지디자인** jun

펴낸곳 다산북스 **출판등록** 2005년 12월 23일 제313-2005-00277호
주소 경기도 파주시 회동길 357 3층
전화 02-702-1724(기획편집) 02-6217-1726(마케팅) 02-704-1724(경영관리)
팩스 02-703-2219 **이메일** dasanbooks@dasanbooks.com
홈페이지 www.dasanbooks.com | teen.dasanbooks.com
블로그 blog.naver.com/dasan_books
종이 ㈜갑우문화사 **인쇄** 민언프린텍 **후가공** 평창P&G

ISBN 979-11-306-1615-5 (03340)